NO ME PUDISTE MATAR

CIRO GÓMEZ LEYVA

NO ME PUDISTE MATAR

Planeta

Por tanto, a Ernesto Rivera, Olegario Vázquez Aldir
y Jaime Azcárraga.

La realidad también exige que se diga: la vida sigue.

WISŁAWA SZYMBORSKA

ÍNDICE

TERCERA PARTE
NO NOS PUDIERON MATAR

El 21 de octubre de 2024, un año y diez meses después de que me dispararon, veinte días después de que él dejara el poder, llegué a Madrid sin saber quién me había tratado de matar ni por qué lo había hecho. No tenía una idea clara de a dónde estaba llegando ni por qué estaba ahí, pero ahí estaba, alargando el paso y el tiempo, por lo pronto. A los pocos días encontré una nota en la prensa local con esta cabeza: «Asesinado de un tiro en la nuca un histórico estibador del puerto de Barcelona».

Comenzamos.

SI DE CEÑIRSE
A LOS HECHOS SE TRATA

La mañana del miércoles 14 de diciembre de 2022, es decir, la mañana previa al jueves en que me dispararon, él dijo que quien viera o escuchara mis programas corría el riesgo de encajarse un tumor en el cerebro, una expresión que, por lógica, tendría que significar una mala coincidencia para él. Así se tomó y pagó caro, al menos en las trituradoras digitales. Los *hashtags* que lo tachaban de asesino marcaron una rápida tendencia nacional. Y los del atentado, con él en el centro de las condenas, llegaron a ser tendencia mundial aquel fin de semana de diciembre de 2022, el de la final Argentina vs. Francia del domingo.

Creo que a esas alturas de su vida y poder, él, el entonces presidente de nuestra república, debía de creer que sus ofensas e insultos se deshacían sin consecuencias, no dejaban marcas. Pero si de ceñirse a los hechos se trata —porque sin hechos es imposible pretender acercarse a la verdad—, valdría afirmar que el atentado endureció su manera de descalificar y calumniar. En los días posteriores a los disparos, desconozco si por estrategia, confusión, malignidad o payasada, sugirió que el ataque en mi contra pudo ser un autoatentado. Prologaba sus embestidas con el fraseo de que yo no estaba solo y que su gobierno me protegería y procuraría justicia, para luego, agrio, patear la templanza, ridiculizarme y escupirme en la cara. Me dispararon a la cabeza, rondaba la Navidad, ¿a qué venía el enardecimiento de su ira?

En ese diciembre de 2022, leía el libro de Luis Landero donde escribe que «nadie se inventa una ofensa de la nada», y que «si alguien te dice "estúpido" es muy posible que sea porque lo cree así». Dice también que a las ofensas hay que otorgarles verosimilitud. Si él repetía ante miles de personas, mañana a mañana, que yo servía a intereses siniestros, lo probable es que pensara que yo me había convertido en alguien siniestro. Eso lo entendía; lo que me asombraba era que en aquellas horas echara mano de maltratos tan pesados para martillar que yo era siniestro.

Personas bien informadas e intencionadas me preguntaban si él, tras el ataque de las 23:10 horas del jueves 15 de diciembre, me había llamado para ofrecerme una pizca de simpatía. No llamó. Yo le marqué, antes que a nadie, a Omar García Harfuch, el jefe de la policía. En dos minutos marcó Claudia Sheinbaum, la jefa de Gobierno de la Ciudad de México. Más tarde lo hizo Adán Augusto López, el número dos del gobierno de él. Llamó empática y afectuosa Rosa Icela Rodríguez, la secretaria de Seguridad. También Alejandro Encinas, el hombre de los derechos humanos: me ofreció escoltas federales. Desde el extranjero lo hizo el canciller Marcelo Ebrard y, desde aquí, diputados, senadores y gobernadores del oficialismo. Llamó solidario el fiscal general Alejandro Gertz y hosco el jefe de la Guardia Nacional. Me abrazó Arturo Zaldívar, presidente de la Suprema Corte. Él no. Mejor. ¿Qué le habría respondido? ¿Lo habría saludado con un «aprecio la cortesía, confío en usted»? ¿O le habría preguntado: «Usted que me calumnia e insulta a diario, ¿es mi ángel?»?

¿Y ellos, los que me dispararon y los que mandaron que me dispararan? ¿Por qué fallaron? ¿A quién obedecieron, qué mensaje quisieron enviar? ¿O todo esto fue una tremenda confusión, un atentado sin sentido? En aquellos explosivos y tristes días de diciembre separé esta frase de *El corazón del daño*, de María Negroni: «No existe más fidelidad a los hechos que equivocar el rumbo o divagar». No sé cuánto de lo que ocurrió y voy a relatar fue consecuencia de la intemperie criminal y política, cuánto fue desequilibrio, o cuánto un desvarío propio del metarrelato de la época. Soy periodista y trabajo para acercarme a lo que sucedió y me sucedió, pero, frente a territorios donde la verdad es asoladoramente móvil, hablo del crimen, la violencia, la justicia, la megalomanía, la ignorancia, el rencor. Ante eso, trataré de ordenar personajes y escenas de un relato de peripecias, conjeturas y paranoias con innumerables desenlaces; intentaré bosquejar una presunción de sentido en una historia ambulativa en donde varias formas de fatalidad fueron sorteadas, al menos por un tiempo, y que quizá por ello, o solo por ello, valga la pena ser contada.

Una historia que intentaré relatar con más hechos y detalle que ellos, y que él. Porque a diferencia de ellos, y de él, aquí estoy, vivo y a la vista. No sobreviví por un milagro. Me salvaron el blindaje, la impericia de unos sicarios medianos y las vacilaciones de un presidente intranquilo que no supo o no pudo bajar el pulgar; me salvaron el azar, las circunstancias, la flacidez de los ejecutores y la voluntad que me hizo repetir que la vida sigue y puede ser mejor. Aquí estoy, con la interrogante de si este es el relato de una victoriosa supervivencia o de una ridícula cadena de fracasos. A estas alturas, qué más da.

PRIMERA PARTE

NO SÉ QUIÉN, NO SÉ POR QUÉ

PARES CONTROLADOS

¿Por qué fallaron? Se lo pregunté repetidamente a los escoltas, policías y exmilitares que desde esa temporada navideña se volvieron mis acompañantes inexcusables en las caminatas y trotes por el precioso parque vivero de 40 hectáreas de mi vecindario, y por nuestro ancho y comunal camellón de 1 kilómetro de largo, en donde ayudé a plantar mi primer y único árbol y, no me consta, pero a ciertos vecinos sí, por las noches corren duendes. ¿Por qué no pudieron matarme? Uno de ellos, de ánimo resuelto, veterano de la guerra contra los narcos, aventuró que el sicario debió de cobrar un millón de pesos por ejecutarme, «aunque lo más seguro es que ya esté desaparecido, en ese mundo es lo que pasa».

El común denominador de mis nuevos compañeros de deporte, que descomponían el paisaje del barrio por más empeño que ponían en disfrazar con pants y chamarras su aparatosidad pistolera, era el de un fracasado intento de asesinato. Otro denominador común, imbatible en su rotundidad, era que se dispara a la cabeza para matar. Y que en lo mío fueron tiros a la cabeza, tiros pares, uno, dos, *poc, poc*, tres, cuatro, *poc, poc*, «como se dispara a un objetivo en movimiento». *Poc, poc*, pares controlados en el lenguaje de las pistolas. Uno, dos, hasta sumar diez o 12 balazos. Iban a matarme. Eso decían mis compañeros de trotes y caminatas.

A los mandos de la policía y las áreas de investigación les pregunté si me atacaron sicarios de élite o de poca monta. Privilegiaban lo segundo, pues sostenían conocer cómo operan los *big leaguers*, los que saben matar mejor que nadie, y les era inaceptable que un especialista desconociera que yo manejaba en las noches una camioneta con blindaje nivel cinco, o que no trataran de inmovilizar mi vehículo. Les era descabellado además que asesinos de excelencia fueran a matar sin un plan B y con recursos tan pobres como una pistola 9 milímetros. En cambio, mis policías y exsoldados insistían en que el tirador era de primera: lo probaba la viruela en la ventana lateral izquierda, perfecta, según ellos, para quien dispara desde una moto en marcha. Les pregunté cómo se integraba un binomio tirador-motociclista. Escuché que podía armarse con dos incondicionales o con dos extraños y que, por lo exhibido, el motociclista era un conductor talentoso.

Después de lo que supuse serían los balazos finales, encaramé el cuerpo, elevé la cabeza, enderecé el volante y vi a la moto perderse en un punto de fuga a la velocidad de los efectos especiales de las viejas películas de George Lucas.

O eso creo haber visto a las 23:10 horas, a 400 metros del edificio donde vivo, cuando noté que la camioneta no respondía bien y el tablero marcaba que una llanta estaba ponchada a cero. Eso recuerdo. Una motocicleta a mi izquierda, un tipo que me disparaba a un metro, o menos. Y el sonido rítmico del *poc, poc*. Por trillado que suene, suena a cohetes de fiesta de parroquia, a globos que revientan. Tardé un instante en asumir que me estaban disparando. Pero era cierto. Vi la moto a la izquierda, luego en un ángulo agudo que se desplegaba hacia la derecha y, finalmente, en el centro del parabrisas: el tirador se contorsionó 180 grados para soltar el último *poc, poc*. Diez segundos, 12. Dos personas, una conducía, la otra disparó ocho, diez veces en diez, 12 segundos. Disparos que parecían ser decisivos cada uno. Creo que traían cascos, o capuchas, y que en la vivacidad que componían las luminarias, la sorpresa y el miedo, ondas de color pastel se propagaban sobre la moto. Veía azules aguados, naranjas, blancos, dominaban los blancos. Y una motocicleta en punto de fuga.

¿Lo más seguro es que quien me disparó esté desaparecido, porque «en ese mundo es lo que pasa»? ¿No averiguaron o se dieron cuenta de que la camioneta Jeep Grand Cherokee gris modelo 2017 estaba blindada? ¿Cuál sería el destino del tirador y el motociclista? ¿Un millón de pesos, la muerte violenta? ¿Tendrían idea de lo que iban a provocar? Los narradores y los críticos literarios nos han repetido hasta el fastidio que las historias son cuentos creados con verdades y mentiras. Los peritajes de la fiscalía de la ciudad demostraron que el blindaje de la camioneta era nivel cuatro y no cinco, como se generalizó en un principio. Que fueron nueve los impactos que quedaron marcados en la camioneta, «seis en el vidrio del lado del piloto y tres en el parabrisas». Que la moto era negra con naranja. Y que delante de mí, yo no lo vi, no lo recuerdo, frenaba un Seat Ibiza negro para hacer la tarea de «muro» e impedir que escapara mientras me disparaban. Según la fiscalía de la ciudad, en el Seat, que tras los disparos igualmente se perdió en la noche, iban *Pool* Pedro, el Gordo y el Dedotes. Al Gordo lo apodaban asimismo Yeyé.

* * *

Al cumplirse la cuarta semana del ataque, la autoridad sonó las fanfarrias para hacernos saber que, a 450 kilómetros de mi edificio, cercaron y capturaron al supuesto tirador del 15 de diciembre, un treintón flaco, tatuado, a quien apodaban el Bart. Lo añadían a los seis hombres y seis mujeres detenidos en operativos relámpago en la Ciudad de México. Eran los integrantes del grupo rotulado por la policía como «célula de ejecución», sicarios y delincuentes que en la matazón cotidiana de mi país carecían de encanto, a primera vista.

La policía de Omar rastreó al Bart hasta un escondite en el poblado michoacano de Tangancícuaro, de 35 000 habitantes. En las interceptadas conversaciones telefónicas con los suyos, el Bart alardeaba ser el tirador de aquella noche. Contaba que no había cobrado, que «el pedo estaba muy pesado» y que, por órdenes de su patrón, tuvo que matar al conductor de la moto negra con naranja, a quien se refería como el David o el Davies. Eso contaba. Lo habría matado a puñaladas unos 15 días después de la, para mí, noche de colores fluorescentes. Revelaba que no cesaba de drogarse y beber por el remordimiento, porque el David, el Davies, le preguntó si lo iba a matar y él le respondió que sí lo haría y que no lo haría, y que resolvió la contradicción ordenándole que se hincara, y que hincado «le di el primer cuchillazo en la garganta, ni modo que no se haya muerto con eso, le di como siete, le aventé tres en la llamada garganta y los demás en el cuerpo, se me enconchó, se puso bien rígido, pero es que con el primer cuchillazo, le salió algo por la garganta».

Aunque criminólogos célebres nos han encaminado a creer que los asesinos son proclives a revelar la verdad en las primeras horas, el dramatismo era, por así decirlo, insólito, y para mí inverosímil. Un jefe del área de investigación me dijo que por más que escarbaban, no encontraban el cadáver ni rastros del Davies a un año de las grabaciones interferidas. Otro investigador me diría lo mismo 12 meses después. Por los carceleros supe que los estudios de sangre en la cárcel certificaron que el Bart, Bart el tirador, Bart el destripador, era seropositivo, tenía sida. Podría dejarlo en paz con su destino, pero si de ceñirse a los hechos se trata, el Bart contó que su patrón le reclamaba la tardanza para matar al motociclista, y que él le juró «que ahorita quedaba». Culpaban al Davies de no haber informado que mi camioneta estaba blindada. El Bart describió que lo encontró, lo sometió y fue cuando, comprendiendo que no era dueño de nada, el Davies le pidió dos últimos deseos: que lo matara a tiros y lo dejara terminar la cerveza que bebía; ni eso obtuvo el motociclista talentoso. El Bart se le fue encima con el tajo a la garganta que, según contaba, entró como en agua. Lo terminó de apuñalar en el suelo:

> Me agasajé. Es que, cómo decirte, al principio me estaba cagando, y ya en el momento, pues ya lo disfruté. La otra vez lo soñé al puto, acá, burlándose de mí. Te lo juro, güey, estaba con una playera blanca y me decía: «Ya ves que no me mataste», y hasta me puse a pensar que no estaba muerto. Pinches loqueras que me vinieron a la mente. Pero a güevo que está muerto, te digo que salió un pedazo de carne de su garganta. Dice el patrón que era su manzana de Adán, que le había volado la manzana de Adán.

En una entrevista en torno del estreno de su película *Bardo*, González Iñárritu afirmó en ese diciembre que pedirle lógica a un sueño sería traicionarlo. Si la frase va en sentido correcto, ¿qué da entonces fidelidad a las pesadillas? ¿Lo relatado por el Bart eran invenciones, códigos de supervivencia, desequilibrio, exacerbación destapada por el alcohol y las metanfetaminas? Seguí leyendo la historia ridícula de Luis Landero: un cuchillo llagando la sangre, el brillo del acero, el gesto de desesperación, el trabajo sucio que alguien tiene que hacer. Por estupidez o indolencia, ¿el Davies terminó salvándome la vida? ¿Por qué el Bart lo mató a cuchilladas si, de acuerdo con mis escoltas, quien debía morir por haber fallado era él, el Bart, a quien le venían a la mente puras «pinches loqueras»? La terapeuta del estrés postraumático me preguntó si lo despreciaba u odiaba. Por Dios, no. ¿Por qué? Me habría ejecutado limpiamente, un profesional que me habría matado sin humillarme. A tiros, no a puñaladas. Con pares controlados, *poc, poc.*

Como sea, el Bart falló cuando era importante no hacerlo. Los carceleros me confirmaron cuánto se quejaba por no tener dinero. Y es posible que en vez de encumbrarse en su mundo como el chingón que le voló la cabeza al de la televisión terminaría siendo, a lo más, el destazador del David, o el Davies, en esta historia enrevesada. Un sicario que mató a su motociclista, no al objetivo. Un sicario que fracasó.

* * *

El Bart no vivía lejos del Centro Histórico de la Ciudad de México, ni del viejo mercado de pescados y mariscos de La Viga. Vivía con su padre, al que, cuentan aquí y allá, quería y le decía que no se sintiera culpable «por tener un hijo como yo, que estoy bien idiota». En un condominio de los años

NO ME PUDISTE MATAR

sesenta construido para burócratas que a lo sumo aspirarían a ser jefes de área. De día, ese semidigno, semidesmedrado conjunto de la avenida Plutarco Elías Calles no espantaba ni aparentaba ser un sitio peligroso y maldito donde todo se tenía que corromper. Los vecinos que se atrevieron a hablar del Bart lo describieron como a un drogadicto con un cuchillo que, a lo más, habría rayado un auto en el estacionamiento. Decían que tenía un hermano, hombre de bien, que se fue a vivir a España y allá sigue, y que el Bart frecuentaba el departamento de sus amigas colombianas que sembraban mariguana en la azotea. Para el papel estelar de ejecutor, ¿se había contratado a un vicioso de octava? ¿No era insensato que un consumidor cotidiano de clonazepam con cerveza fuera un tirador excepcional?

A medio año del atentado, mi amiga Saskia Niño de Rivera, quien fundó, dirige y simboliza a una asociación que opera en prisiones y centros de internamiento para atender a niños y adolescentes afectados por la violencia —además, produce y difunde un exitoso pódcast donde entrevista a presidiarios—, obtuvo el permiso para hablar con el Bart y grabarlo en el pabellón de los enfermos en una de las cárceles del oriente de la Ciudad de México.

—Dice que los del Cártel Jalisco son quienes ordenaron que te mataran —me contó al salir—. Y dice que al que mató, al de la moto, fue porque era el que tenía que avisar que ibas en una blindada y no lo hizo. Eso me contó. Que él no iba a hablar por nada, que trabajan en estructuras que se deshacen una vez que se ejecuta la acción para que nadie las pueda rastrear, y que está en contacto con quienes lo contrataron, porque son los que van a ponerle un abogado.

—Un tipo consciente, Saskia.

—El tipo es una cosa que pocas veces he visto. Dice que antes de ser sicario se dedicaba a cortarles las orejas a cabrones para presionar el pago del cobro de piso. Y me dijo que eso le encantó y que amaba matar. Ahí le pregunté si te iba a matar. Me dijo que sí y que no sabía que estaba blindada la camioneta. Por eso le dio piso al otro güey, porque no hizo su chamba de investigación. Ese tipo tiene claro quién dio la orden, por lo menos un eslabón arriba.

—¿Se queja?

—Sí. Dice que no tiene dinero y que el peor error de su vida fue no haberte matado, porque, de haberlo hecho, se habría escondido un rato, habría cobrado y ya nadie se acordaría del caso seis meses después. Dice que está en la cárcel porque tú armaste mucho desmadre. Si no, no habría pasado nada, porque en México matan a muchos periodistas y nunca agarran a nadie, nunca pasa nada. Y me dijo que, si te viera, no te pediría perdón, porque él estaba haciendo un trabajo, y porque, para él, tú eres un periodista amarillista.

* * *

Recuerdo que al concluir el noticiero de ese jueves salí del estudio con la caja de galletas que me regalaron los compañeros del *staff* por las fiestas decembrinas, pasé a mi oficina, tiré en el lavabo el café descafeinado frío que quedaba en el vaso de cartón, le di un abrazo a mi coconductora Claudia Mollinedo, que se iba de vacaciones; caminé en el silencio de fin de la jornada al estacionamiento VIP de la planta baja y, como cada noche, encendí la Jeep Grand Cherokee blindada para manejar siete, ocho minutos a casa. Me dispararon en el camino. Me refugié en la casa de Manlio Fabio Beltrones. Refugiado, informé a la autoridad y declaré ante ella. Llegué a mi departamento hacia las cuatro de la madrugada en una imponente camioneta prestada, protegido por una arrolladora caravana de guardias y policías, mi tranquilo barrio, la colonia Florida, transformado en la escena de una película de Costa-Gavras de los años setenta, patrullas, rifles, sirenas, cascos, chalecos antibalas, reflectores, extras.

Me refugié cuatro horas en la casa de Manlio porque me dispararon 60 metros antes de la esquina. Entiendo que acabar en su casa se presta a teorías conspirativas, pero si el Bart me hubiera disparado 100 metros adelante, jamás habría dado vuelta a la izquierda en esa esquina y acabado, justamente, en casa de Manlio. Como he referido, cuando enderecé la camioneta vi que la moto de los sicarios se perdía a gran velocidad por la calle en que venía circulando, Tecoyotitla, la calle de mi domicilio. Avancé 60 metros como pude y en la esquina, en la calle de Olivo, giré a la izquierda, supongo que de manera instintiva para no continuar por donde escapaban los agresores. Me temblaban las manos, sentía empapada la sien izquierda. Me toqué buscando la sangre, me tocaba y no había sangre. ¿La sien izquierda, por qué solo me sudaba la sien izquierda? No me oriné, no me cagué, no sabía qué hacer. Desubicado en una calle que había caminado y manejado cientos de veces, me detuve en la acera derecha, saqué con dificultad el teléfono de la bolsa derecha del pantalón y traté de marcarle a Manuel Feregrino, nuestro productor por veintitantos años, nuestro inequívoco jefe de información, mi amigo y el hombre de confianza a quien acudíamos para que solucionara las cosas cuando uno de los nuestros, fuere el reportero suicida o la sobrina de una maquillista, se metía o caía en peligros de veras. El tembladero de las manos impedía que marcara en el celular. Pensé en bajarme y echarme a correr, ¿a dónde iría? Se me ocurrió manejar a las instalaciones de la radiodifusora, a unos 2 kilómetros de ahí: imposible con una camioneta que se jaloneaba y una llanta ponchada. ¡Manlio! Levanté la vista y me acordé que unos 200 metros adelante estaba el conjunto de casas donde vive Manlio y supuse que, si me abrían la reja, estaría a salvo.

Uno de los lugares comunes de la época era recitar que el país se encontraba partido en dos, esencialmente entre quienes estaban a favor de él, el presidente, y quienes se oponían a él; entre quienes entronizaban su evangelio que expulsaba a los corruptos y redimía a los pobres y quienes lo desacreditaban por falso y vulgar. Desde el bando contrario, Manlio era quizá el político más brillante, exlíder de senadores y diputados, presidente de la Cámara de Diputados en 2005 cuando la mayoría le quitó el fuero a él para que lo juzgaran con una chapuza legaloide, un conciliador que sabía resolver, creo que la inteligencia más sofisticada del *ancien régime* execrado. Tiene la edad del presidente y es personaje predilecto de los conspiranoicos. A partir de la pandemia nos volvimos compañeros de caminatas cada cuatro, cinco domingos por el camellón de nuestra colonia. Mi vecino y amigo. Un profesional de excelencia, y a mí me gusta seguir el canon de que las malas personas no pueden ser profesionales excelentes. ¿El presidente le tenía respeto, temor? Solo sé qué no se atrevió a insertarlo como parte de un montaje.

Manlio me recibió en esa lobreguez de medianoche como un hermano mayor, me propuso llamar a Omar antes que a nadie y lo hicimos. Los vigilantes de su casa tomaron las fotos de la camioneta balaceada que adjunté al tuit de las 23:33 horas en que informé del ataque. Me comunicó con Adán, el número dos. Y abrió las puertas de su casa a los policías, jefes, investigadores, ministeriales que se fueron presentando. «Hazme el favor, todos me andan ofreciendo escoltas, que si no quiero escoltas, ¡pues si no fue conmigo!», me hizo reír en las horas tenebrosas. Le pedí pan tostado con mermelada y una chamarra cuando comencé a sentir frío. Sus empleadas domésticas bajaron una docena en dos ganchos para que seleccionara. Siempre Manlio.

Así de simple. Minutos antes, a las 23:14, 23:15 horas, con los ojos clavados en los balazos de la ventana lateral izquierda, el portero de la privada me preguntó a quién anunciaba.

—A mí, por favor, dígale a Manlio que soy Ciro Gómez Leyva. Pregúntele si puedo pasar, me acaban de atacar.

Unas veces tienes suerte. Estaba a salvo.

ONE SHOT, ONE OPPORTUNITY

Tres horas después del ataque, en una de las salas de la casa de Manlio, un curtido agente del ministerio público local abrió el interrogatorio de ley preguntándome si había recibido amenazas. Contesté que no. Persistió. Repetí que no. A la tercera, no sé si era su intención, hizo que bramara un «¡Si desde cuatro años atrás un hombre de inmenso poder me calumnia en público de forma sistemática, ¿es una amenaza o no?!». El agente me serenó con docilidad y pidió que no me inquietara, que prosiguiera, que lo pensara y contara, pero ¿qué prueba podía yo proporcionar? Me disculpé por la destemplanza y ahí, a tres horas de los disparos, asumí que no podía enganchar las calumnias y humillaciones de él con los balazos, y que, incluso si el gobierno de él me hubiera mandado matar, lo más probable es que no pudiera engancharlas jamás. Y ya lo dijimos: sin hechos es imposible pretender llegar a la verdad.

Anudado en las emociones, comencé a elaborar ante el ministerial un mediocre relato de lo ocurrido. Sabía que no era momento para la desarmonía narrativa, pero mi cabeza me traspasaba, mi cabeza recién salvada por un blindaje de primera calidad se encaprichaba en desentenderse del interrogatorio. Buscaba darle fidelidad a la declaración, pero mi cabeza se desplazaba de forma intermitente a una conversación que tuve años atrás sobre lo que pudo haber sido un crimen de Estado. Fue con la madre y el padre del exgobernador de Puebla Rafael Moreno Valle, quien con su esposa Martha Érika Alonso, gobernadora entonces de la misma Puebla, murió al caer el indefectible helicóptero Augusta en que viajaban a la Ciudad de México para comer con la familia el 24 de diciembre de 2018. Ciento treinta kilómetros rutinarios que hasta esa Navidad nunca representaron problema.

Los visité en su casa un domingo de mayo de 2019, la casa a la que el hijo y la nuera no alcanzaron a llegar en Navidad, y no voy a ahondar en el abatimiento que encontré ni en las crónicas que ellos sí ordenaban bien, como la de un penoso exgobernador de Chiapas, por esos días senador del oficialismo y presunto amigo de la familia, que apareció en la casa un par de horas después de la noticia catastrófica para ofrecerles una llamada de pésame del presidente, ni en cómo ella, madre, suegra, le respondió: «Que se vaya a la chingada el presidente». Lo que me distraía en el interrogatorio ministerial era la idea que ellos repetían en aquel café un domingo de mayo de 2019: si fue un crimen de Estado, no sabremos lo que ocurrió, porque en los crímenes de Estado nunca se conoce a los autores y movernos no nos traerá de regreso a Rafa y Martha Érika.

Manlio y los dos amigos que me apuntalaron en la madrugada y esperaron en otra sala de la casa a que concluyera mi trámite ante la autoridad (a los tres les debía la vida: a Manlio, por abrir la puerta; a Olegario Vázquez Aldir, dueño del canal de televisión, por darme la camioneta blindada seis años atrás; a Ernesto Rivera, mi jefe, el mejor compañero de viaje, por hacerse cargo de que la camioneta, y todo, estuviera siempre en punto) propusieron que me fuera a descansar y no me presentara a conducir tan alterado el programa de radio que comenzaría en tres horas y media. Me costó llevarles las contras, pero no faltaría esa mañana, no perdería ese relato, no dejaría libre el terreno a la desinformación, difamación y sevicia de quienes se daban vuelo diseminando mentiras digitales. Me presentaría, ordenaría mis pensamientos, encendería el micrófono, haría la crónica y comenzaría a tratar de cercenar las falsedades. Además, tuiteé a las 23:33 horas que salí ileso. Si estaba sano y salvo, ¿por qué no habría de conducir el programa de esa mañana, justamente de esa mañana? ¡Porque estaba agotado, asustado, sometido! Para mí era una decisión elemental y se los dije a los tres: desde una posición extraordinaria tenía la información más completa de una noticia atractiva y quizá significativa que transmitir. Y estaba vivo. El desconcierto era inaudito, pero alcanzaba a intuir que la vida me estaba dando más de lo que imaginaba. Tenía que contarlo.

He dicho que Rosa Icela, la secretaria de Seguridad del gobierno de él, me llamó. Me marcó por WhatsApp a las 4:38 de la madrugada. Hablamos 13 minutos y 38 segundos. Amable, fraterna (décadas atrás reporteamos juntos), reveló que era creyente, había rezado por mí y en una hora vería al presidente. Le dije que para él habría sido un mal negocio que me mataran. «¡Por supuesto, ni Dios lo quiera!», exclamó. Aproveché para compartirle el razonamiento que delinearía a las siete en la radio y que había esbozado con mis tres amigos y, luego, ya en mi departamento, con un Macallan y una quesadilla, afiné con mi pareja (ella, Olegario y Ernesto fueron las tres personas mías que llegaron en la madrugada a la casa de Manlio; regresamos de mi odisea con una escolta proveída por Olegario y, he referido, un formidable dispositivo de policías armado por Omar en las horas en que hice las descripciones sin concierto ante el ministerio público). El planteamiento que bosquejaría era simple: alguien trató de matarme, no sé quién fue, no sé por qué lo hizo y no sería yo quien abriera la caja de las conjeturas sobre el autor intelectual. No sería yo quien proyectara, jugara con la idea de un crimen de Estado.

Los empellones para que acusara al presidente y soltara un cuento simplista trepidaban entre los cientos de mensajes que alcanzaba a ojear en mi teléfono. «Él fue el que te mandó matar, no dudes, vuélvete su Ayotzinapa», me apremiaba un amigo distinguido por su cordura. Pero desde los años noventa, las charlas con Federico Campbell me habían entrenado para no desbalagarme en la hora del lobo, ese momento de zozobra de las madrugadas asociado a la inminencia de un peligro, hora de miedos, supersticiones, leyendas ruidosas. La hora sin sombra, decía Federico recurriendo a Borges, riesgosa para el discernimiento periodístico. Aunque esa madrugada, esa, sería una sola en la vida, una única oportunidad, *one shot to seize everything you ever wanted,* ¿la atraparía o la dejaría ir, Eminem?

A la voz de que el déspota me había mandado liquidar, una progresiva virulencia digital estaba apabullando a la soez, majadera y por lo común invencible red de *bots* oficiales. Pero yo carecía de datos para apadrinar el vómito, el «acúsalo-fue él» que ansiaba ligar los oprobios verbales con la acción criminal, y no iba a darme vía franca para suplantar la información con retorcidas fantasías oscuras ni hipótesis tramposas. Quizá me equivoqué, pero sin hechos no hay verdad, y esa madrugada de lobos no tendría por qué ser la excepción.

Alguien me disparó a la cabeza, no sé quién fue, no sé por qué lo hizo, a nadie podía acusar, tampoco exoneraba a nadie. A fin de cuentas, solo estaba pidiendo tiempo.

¿QUIÉN FUE?

¿Quién trató de matarme y por qué? Videos deslizados tempranamente por la policía y transmitidos en televisión nacional reconstruyeron el seguimiento que los sicarios hicieron en los días previos para estudiar mis recorridos. Iban por mí. Descartada desde el inicio la conjetura del equívoco, quedarían cuatro hipótesis:

- La personal
- El cagadero
- La represalia por mi trabajo y el de mis compañeros
- Él y el crimen de Estado

La personal

¿Quién puede afirmar con decencia a los 67 años, y más si ha sido periodista, que no existe un ser humano que alimente un odio contra uno, que lo quiera matar a uno? ¿O dar por sentado que uno se encuentra a salvo del avasallamiento de la irracionalidad, de la desmesura, de una aversión mal dirimida, de una historia de amor que no cerró como tendría? De buena fuente me contaron —no puedo documentarlo—, que los investigadores preguntaban en los primeros días «si tenía una movida con una vieja», con una señora casada o si me fastidiaba una acosadora despechada. ¿Quién puede estar a buen resguardo del que labró un agravio, o del que adoptó una invención y no la soltó? No debía dinero ni me debían. No apostaba, no tenía negocios, ni inversiones ni líos de herencias ni pleito con un vecino, tampoco discutía por un cajón de estacionamiento en el edificio ni reprendí a un ojete por no levantar la caca de su perro en el camellón de los duendes. Daba vueltas y no encontraba a quien tuviera un motivo de honor o furia para enredarse en la preligrosísima misión de contratar al Bart y, desde esa osadía, desquitarse a balazos conmigo.

El cagadero

En una caminata por el camellón, recién sucedido el ataque, mi amigo Rogelio Romero, con quien a finales de los setenta reporteé y escribí a cuatro manos nuestra tesis universitaria (sobre violencia política), Rogelio, bien formado en el pensamiento abstracto, categorizó con una palabra la segunda posibilidad: cagadero. El cagadero. La etapa que vivíamos en el país en la que prácticamente cualquiera se asumía con la divinidad de cagarse sin desdoro sobre quien fuera y donde fuera para afianzar un poder, evacuar una insolencia, dirimir un conflicto, garabatear una cruz, matar de miedo o nivelar una disputa dejando para la contemplación una inmensa inmundicia. En esa posibilidad, alguien me habría elegido porque mi cabeza destrozada le traería un costo o un beneficio a alguien, a algunos. Y en la hipótesis del cagadero valía apuntar a quien se le antojara a uno. Valía decir que fueron los de aquí para hundir a los de allá y viceversa. O que fueron los intimidadores, los *avengers*, la derecha violenta, la izquierda radical y rabiosa. O el Gobierno, para hacer correr como ratas a los que no se postraran ante sus verdades indiscutibles. O los enemigos del Gobierno para desestabilizarlo y desmoronarlo, etcétera, etcétera, etcétera, etcétera, etcétera, la línea que se acerca al eje sin encontrarlo nunca. Creo que eso le comenté a Rogelio evocando nuestras clases de probabilidad y estadística, que sin hechos incontrovertibles, el cagadero sería, a lo más, una asíntota, el gráfico del 3.33333 en la división de diez entre tres que nunca tocaría el eje.

Un periodista del que nada supe en décadas y, según entendí, se reconvirtió en una especie de detective, me llamó en esos primeros días para explicarme en clave de regaño que yo estaba cometiendo un error al creer que me quisieron matar, que no viviera asustado ni fuera tan ingenuo de pensar que los atacantes no sabían que la camioneta estaba blindada, que actuaron para enviarnos un mensaje de pánico a todos, que no se volverían a meter conmigo, que, si fuera conmigo, me habrían despedazado, secuestrado, matado a un hijo, así que podía rehacer mi vida tranquilo. Creo que le devolví una malhumorada contestación para reprobar la supuesta sofisticación a la que se refería: unos sicarios que disparan a la cabeza a esa distancia con la certeza de que no me fulminarían. El cagadero, en fin, 3.3333.

La represalia por mi trabajo y el de mis compañeros

A Miriam Moreno, asesora informal en asuntos rojos y negros, la reportera que tantas notas e historias nos dio sobre los mundos criminales y ministeriales, le indignaba que el presidente y los suyos descartaran porque sí que el ataque fuera consecuencia de nuestro periodismo. Yo la retaba con el planteamiento resbaladizo de que nadie había reivindicado el atentado, ¿me dispararon para ponernos a adivinar si fue el cártel uno o el cártel dos; o los narcomenudistas de la colonia que colinda con la Universidad Nacional; o los policías que ella exhibió robando dinero; o los directores del hospital público que, para reprogramar una cita, forzaban a los desmoralizados pacientes a entregarles los billetes que retiraban del cajero ATM de la planta baja del hospital; o los de la empresa de seguridad privada a quienes Humberto Padgett desnudó hurtando pequeñas pertenencias a los pasajeros en las revisiones en el aeropuerto; o el exgobernador, exídolo futbolista al que mal informaron de que haríamos una entrevista con un matón que nos entregaría fotos y videos espeluznantes; o la gobernadora cuyos segundos nos chismearon que no toleraría una crítica más; o el capo exonerado al que mostramos cantándole en una iglesia a la virgen de Guadalupe, y al que un poderoso, temible dueño de una televisora nacional acusó en las redes sociales de ser mi atacante (tuvo que venir a nuestro programa el exabogado del *Chapo* Guzmán, sí, señor, para jurar al aire que ese capo exonerado era su cliente y amigo y mandaba decirle a México que absolutamente nada había tenido que ver con lo mío); o el político uno; o el político dos; o el director de la petrolera nacional, o su jefa, o el amigo de ambos, gobernador de un estado en el Golfo; o los gobernadores del Pacífico que se irritaban con los testimonios que exponían la forma en que los criminales les ayudaban a ganar las elecciones para luego imponerles la *pax* narca; o el *rockstar* de la salud pública con el que tanto peleamos y al que le documentamos con imágenes, día con día del 2020 y el 2021, que la calamitosa estrategia que encabezó en la pandemia del coronavirus fue una catástrofe que cobró 700 000, 800 000 vidas; o una funcionaria menor tocada en su vanidad; o el abogado que aún paga el caso que le tiramos con un reportaje; o los abogados de uno de los cárteles de drogas más grandes del mundo que fueron a pedir una entrevista contra la extradición del familiar de un líder; o los facinerosos que secundaban al fiscal al que se le caía a pedazos el caso Ayotzinapa; o los contratistas, constructores, supervisores de las (Marco Silva y Marisa Iglesias *dixit)* obras públicas malditas? ¿Quién nos habría metido en ese juego de adivinanzas neblinosas? ¿Quién me habría querido matar o intimidar para desvanecerse sin dejar rastro y llanamente ponerse a holgazanear?

Él y el crimen de Estado

Con mortificación me preguntaron innumerables veces por qué no daba como válido lo que a varios les parecía lógico: que él, el presidente, fue el autor intelectual del ataque del 15 de diciembre. ¿Por qué no le daba cabida a la insinuación de que pudo tratarse de un crimen de Estado? Porque no tengo cómo probarlo. Un crimen de Estado implica un plan preconcebido y el cálculo del beneficio para la persona que lo idea y financia y para el grupo de poder que lo perpetra. Ponderarlo en mi caso entrañaría, en esencia, sopesar que él habría encauzado la conducta por razones de mi identidad como periodista, que él habría ordenado acabar conmigo por motivos editoriales y políticos.

No creo que a un tipo tan insensible con el dolor ajeno, como demostró ser él, le preocupara verme muerto. En esa lógica, no tendría por qué dudar que, si mandarme matar le corrigiera una crisis o trajera un beneficio, lo habría hecho. El punto es que sigo sin ver de qué le serviría matarme. Mi asesinato terminaría marcándolo, asentaría la idea de que él fue un asesino. No veo cuál sería para él la ganancia instrumental de matarme. ¿Desprenderse de un adversario añejo, alzarse con la victoria histórica en una pugna dialéctica, enviar una señal lóbrega que anestesiaría la crítica editorial por largo tiempo? No lo veo, no lo creo.

Él fue un poderoso que administró y desparramó discordia, y sí creo que quiso destruirnos la vida a unos cuantos: denigrándonos, asfixiándonos, extenuándonos, congelándonos con persecuciones fiscales, conminando al reculo y la rendición a nuestros empleadores. Fabricó una opinión negativa de nosotros. Nos linchó desde el poder con su palabra e hizo guiños para que nos lincharan en las calles. En seis años no descansó en la cabronada de convertirnos en objetos de odio para sus radicales furiosos que, en nuestro país de 130 000 000 de habitantes, podían ser millones en las esquinas, las plazas, el tráfico, en el sol y en la sombra. Nos calumnió, insultó, se empeñó en arruinar nuestras reputaciones. Nos agredió desde su palacio, convocó nuestros miedos, reprobó que no aceptáramos como cortesanos su visión monocromática del pasado, el presente y el futuro, que no nos adhiriéramos a la genuflexión de que él estaba cambiando la conciencia moral del país. Enfurecía cuando desenmascarábamos una realidad opuesta a sus supersticiones, a sus promesas incumplidas, a sus mitos embutidos de mentiras. Y es que, por un pudor primario de buscar información verificable, algunos no aceptábamos sus medias verdades, sus mensajes falsos, a sabiendas de que eran falsos (verbigracia: que el servicio de salud pública de México era tan bueno como el de Dinamarca); o su viciosa pedagogía con la que alegaba, replicaba, orientaba, concientizaba. No comprábamos sus mitos, su invención de ficciones, sus dictados morales, su artificiosa redención de los pobres.

Insinuó dos veces que lo mío pudo ser un autoatentado, contradiciendo lo que su gobierno y las fiscalías hacían: tenían en la cárcel a 13 personas, perseguían a un tal Patrón prófugo en Estados Unidos, me cuidaban con un aparato de seguridad propio de un hombre de Estado, por citar ahora los hechos. Pero él debía transformar una agresión contra mi vida en un complot en contra de la suya. Él tenía que ganar y, lo vimos, sobajarme hasta en esta.

Creo también que le fuimos funcionales: los *sparrings* que al subir al ring le regalábamos *rounds* para que se mantuviera en forma, oponentes seleccionados para que perfeccionara la puntería y agilizara los reflejos defensivos. Si yo estaba entre quienes lo activaban, ¿qué prisa tendría de matarme? Él tiraba golpes macizos de peso pesado que nos mandaban a la lona o dejaban groguis, mientras que nuestras combinaciones de peso wélter se ralentizaban en el alcance limitado de un trabajo periodístico. Pugilismo de 100 kilogramos contra 60. No soy proclive a las analogías de David y Goliat, ni a la exégesis de que quienes veían a aquel hombre huían de su presencia con gran temor, pero esos *rounds* con él eran, juguemos a las metáforas, de una desproporción bíblica.

Comencé a reportearlo treinta años atrás, hice la crónica de la metamorfosis del tipo reflexivo en uno que no soportaba que a su razón se opusiera una razón equivalente. Atestigüé y documenté la manera en que destruyó reglas para acumular poder con la verborragia propagadora de algo superior, y narré cómo lastimó y dañó para erigir un muro que separaba a su *pueblo bueno* de los siniestros. De ahí a que sea un asesino con un motivo para mandarme matar, no lo sé.

Seguidores de las ideas de él con quienes pude conversar en relativa calma me dijeron que esa posibilidad era absolutamente descartable, que habría sido una locura, una insensatez. Me preguntaban cuál podría haber sido su móvil, en qué sentido mi asesinato habría beneficiado a su gobierno. Reiteraban que él habría salido terriblemente perjudicado. Unos iban tan lejos que aventuraban una detonación social con mi asesinato que podría haber puesto en entredicho al Gobierno. Epigmenio Ibarra, uno de sus más famosos propagadores «sin fisuras ideológicas», afirmó en público que mi asesinato habría sido la mayor crisis de este gobierno, habría cambiado el rumbo del país.

Pero más allá de lo que digan, no tengo un dato para probar que él me mandó matar. Incluirlo porque sí como sospechoso reproduciría el régimen de las calumnias y las teorías conspirativas. Ahora bien, si la pregunta es si me gustaría que al final de esta historia él surgiera como el autor intelectual, como un Vladímir Putin o el príncipe heredero saudita Mohamed bin Salmán, como el autócrata que manda matar periodistas, la respuesta es sí, me fascinaría en toda la extensión de la palabra. Sería muy seductor decir que el poder, que el presidente, que él, el grosero populista autoritario que buscó aplastarnos con la ley del más fuerte, el dictador moral, el poderoso miserable, el miserable poderoso, trató de matarme y no pudo. Pero no tengo cómo probarlo. Tampoco creo que sea un homicida intencional. Lo de él fue hostigar, intimidar, humillar, amenazar; esa fue la táctica constante para asustar, alejar y desaparecer los cuestionamientos. Fue un abusador, el *bully* que se golpeaba el pecho y se agarraba los huevos en el patio de la secundaria antes de torcerte el brazo, aventarte al suelo y sentarse encima de ti; el que sacaba ventaja de su tamaño y, si podía humillarte, te humillaba; dañarte, lo hacía; dejarte en la ruina, te arruinaba.

* * *

Escribió Roberto Saviano en el prólogo de una de las reediciones de *Gomorra* que tendemos a creer «estúpidamente que, por alguna razón, un acto criminal debe ser más premeditado y deliberado que un acto inocuo», pero que «en realidad no hay diferencia». Podría ser.

UNAS VECES TIENES SUERTE

Alejandro Santos Cid, un muy joven reportero madrileño que tuvo apetito para documentarse, y quizá por eso pudo tentar la incertidumbre que circunvala esta historia, me pidió en una entrevista en la Ciudad de México al cumplirse seis meses del ataque que le contara cómo viví el semestre y qué pasó por mi mente. Le conté lo básico, que era un periodista que durante treinta y tantos años había cubierto temas sórdidos, que el popular presidente, un día entusiasta de mis crónicas y entrevistas, me exhibía desde el nunca probado fraude por el que, según él, perdió la elección presidencial de 2006, en la vitrina de maniquís de la siniestra conspiración de las fuerzas corruptoras. Le respondí a Alejandro que fui reportero en ambientes y momentos de peligro y recibí amenazas personales y grupales; que también fui director de un canal de noticias por televisión donde comenzamos a contar el número diario de ejecutados en el país e hicimos la crónica de la llamada «guerra contra el narco», y que en esa «guerra» nos mataron y secuestraron a reporteros, padecimos extorsiones, sufrimos la angustia. Pero nadie me había disparado, y menos a la cabeza. Esa era la novedad para mí: que en nuestro país violento y peligroso decidieran matarme.

¿Qué pasaba por mi mente? Después de los disparos alojé una tristeza que duró semanas y restauró mi adormecida capacidad de conexión con las personas, personajes de nuestros relatos, forzados a agachar la cabeza cuando velaban a sus muertos, porque los Barts embrutecidos y empoderados se paseaban en sus narices para hacerles saber que bastaría un visaje de decoro o una mirada que les desagradara para ponerle cadáver al próximo funeral. Con los olvidados del gobierno del presidente que, con la excusa cruel y cobarde de no desatar más violencia (ni mancharse él las manos de sangre), desertó de la obligación de protegerlos y encaminarles una vida en mínima paz. Ciento noventa y cinco mil mexicanos fueron asesinados, 55 000 desaparecieron y miles fueron expulsados de sus lugares y propiedades en los seis años en que él encaró la tragedia con sarcasmos, sin perder la sonrisa de comediante. ¿En qué categoría debe colocarse ese desapego?

Mi país peligroso y violento en donde —tomo uno de los latigazos del infinito poeta y activista Javier Sicilia— hay «algo infernal», sin «camino de regreso» del horror. De ahí que por mi mente circulara también la convicción de que fui un privilegiado por salir vivo y físicamente ileso. Y tal vez reanimado. No hubo balas descarriadas que hirieran a un vecino. Un solo tiro que penetrara el blindaje pudo dejarme ciego, inválido, descerebrado, desfigurado. El blindaje resistió y, a cambio del trauma, la vida me otorgaba el título real de sobreviviente de un atentado, periodista sobreviviente de un atentado. No recuerdo de quién leí la frase, podría ser de un entrenador que trataba de motivar a su jugador desbaratado por una lesión, de Toni Nadal, quiero suponer: «Mira, la vida nos ha tratado mejor de lo que esperábamos y mucho mejor de lo que nos merecíamos».

Soy un agnóstico, un descreído que en los momentos de desconcierto y tambaleo gusta cobijarse en la síntesis con la que Philip Roth buscó explicar en la novela *Némesis* por qué unos niños que jugaron juntos en el verano contrajeron la polio y otros no, en su deliberación no religiosa sobre la distribución de la fortuna, y en su conclusión: «Toda biografía está sujeta al azar, a la tiranía de la contingencia, por lo que unas veces tienes suerte y otras no».

Tuve mucha suerte esa noche. Acababa de cumplir 65 años, sano, activo y razonablemente feliz. Ahora, sin conocer exactamente el argumento ni comprender mi papel, debería aceptar que difícilmente atravesaré por un hecho superior en impacto y dramatismo, y que, de volver a ocurrir, la probabilidad de tener tanta suerte rasguñaría el cero. Le dije a Alejandro que por mi mente pasaba regalarme y regalar un buen epílogo de vida entre los disparos y la inexorable decrepitud de mi cuerpo y mente. Porque, ¿cuántos años me faltarían, 15, para sucumbir en la fase ulterior de la rebelión de mis células que reduciría mi mente a la inutilidad, mi movilidad a una andadera, mi ego a la incontinencia y a la dependencia 24/7 de una profesional? Epílogo es una bonita palabra. El apartado final. El desenlace de una acción no concluida, vivido y contado por alguien que puede contar que de un atentado se puede sobrevivir.

* * *

El miércoles de Semana Santa de 2023 salí por primera vez de viaje. Era más sencillo marcharme del país que vacacionar en las playas, o en Oaxaca, digamos. La escolta rompió filas en las atestadas bandas de revisión del equipaje de mano del aeropuerto; no nos perdíamos de vista en público desde el 16 de diciembre, no nos veríamos en dos semanas. Aterricé en Madrid el mediodía del jueves y en dos horas, sin vigilancia, estaba comiendo en una mesa de la balconada interior del Quintín, en el barrio de Salamanca. Era una hermosa tarde de abril, si a uno le importan esas cosas.

En lo que esperaba la cuenta entró al restaurante Lynn Fainchtein, la exitosa productora, tantas veces supervisora musical de las películas de Alfonso Cuarón y Alejandro González Iñárritu. Tuve la impresión de que se desconcertó al verme, qué más daba. Me saludó con una sonrisa amigable, nos tomamos los antebrazos con algo de rigidez e intercambiamos treinta segundos de elementalidades; deduje que ella deploraba también esa clase de *small talk*, más en el extranjero. «¿Estás de vacaciones o huyendo?», preguntó quise creer que en broma. ¡Huyendo! Madrid, Jueves Santo, arroz con faisán, vino tinto. ¿Huyendo? «Voy a ver a mi hijo que vive en Berlín, estoy de paso», le respondí a Lynn con la verdad.

Era también una estupenda tarde para salir a caminar. Me valí de la jauja cambiaria de nuestra moneda, de nuestro superpeso, y compré a precio de regalo en una *boutique* contigua una cazadora azul índigo para vagar una hora por el parque del Retiro. Avancé hasta el Estanque y retorné por el acceso subterráneo que da a la calle de Lagasca. En el hotel vi que la cazadora tenía manchas negras en el pecho y el hombro izquierdo. La mujer colombiana del servicio de tintorería determinó a primera vista que las manchas eran pintura de aceite, y las manchas de aceite descerrajaron mis paranoias. ¿Quién me había lanzado el aceite, agredido, deshonrado en Madrid? Podría haber sido un mexicano en el parque del Retiro o en el pasaje subterráneo de 50 metros, un mexicano que no me soportara; o un profesional, uno de esos militantes comisionados y financiados por el gobierno de él para hacerles imposible la vida en el extranjero a impenitentes como yo; o tal vez me identificó un oficialista venezolano que sabía de nuestras coberturas en que no ocultábamos simpatía con la lucha de María Corina Machado contra el régimen, o la que dieron los esposos Lilian Tintori y Leopoldo López, exiliados hasta donde sabía en Madrid. Pudieron haber sido los venezolanos de Maduro, aluciné. Conocía el mito de que los departamentos del barrio de Salamanca, de las calles de Jorge Juan, Claudio Coello, Serrano fueron tomados de porrazo por los decanos de la jerarquía chavista con las fortunas provistas por las rentas del petróleo, o arrancadas a los «oligarcas vendepatrias». Hay unos 600 000 venezolanos en España y unos 40 000 mexicanos, me detallaría en el vino de la presentación de un libro el embajador Juan López-Dóriga (el Instituto Nacional de Estadística precisa que en el gran Madrid son 184 000 venezolanos y 24 000 mexicanos). Seguro era que entre ellos brotaban los fanáticos mexicanos y los chavistas multimillonarios que conquistaban España. ¿A dónde se me estaba ocurriendo huir, si es que estaba huyendo?

Pero sin el escudo de la escolta, en los días siguientes encontré a decenas de compatriotas que, con una facilidad impensable en casa, se acercaban, me abrazaban con cariño. Recordé una entrevista que le hice décadas atrás al escritor Ignacio Padilla, cuando me contó que nadie estaba para entender el drama de quienes en vida se convertían en símbolos de oprobio o de heroísmo ante los ojos de sus semejantes. Puede ser, pero en Madrid, en España, en Europa, por el aceite o por los abrazos, asumí que había perdido, quizá de por vida, el privilegio de caminar sin guardias por las calles de mi ciudad y mi país. Y la vida sin caminatas, así sean solitarias, a veces tristes, no merece la pena ser vivida.

* * *

En septiembre regresé a Madrid para cerrar la renta y recibir un departamento a 220 pasos del Quintín. No lo habitaría aún porque no pensaba abandonar México antes de que él dejara de ser presidente de la república, el martes primero de octubre de 2024, en 13 meses. No emigraría sin atestiguarlo y contarlo. Sabía que a un cierto costo podía seguir viviendo en mi país y repudiaba el estereotipo de periodista exiliado, no lo usaría en vano. Pero, en efecto, Lynn, en mi cotidianidad las pequeñas cosas no estaban valiendo lo que costaban, y para evitar disgustos y quebraduras había comenzado un movimiento con particularidades de huida.

* * *

Volví a Madrid por tercera vez en el año para pasar las fiestas decembrinas sin protección. Era grande mi deseo de caminar sin diseñar un operativo para ir a comprar el pan a dos cuadras del departamento. El 25 al mediodía, Navidad, entre corredoras rapidísimas, ancianos esbeltos que equilibraban sus pasos con bastones de alpinismo, parejas que no se gruñían, andarines con perros apuestos, jóvenes que leían al sol libros de tapa dura, familias contentas bajo un cielo primoroso, como el de abril, encontré en la pantalla de una de las entradas del Retiro este aviso, de espíritu naturalista, quisiera pensar: «Está usted accediendo a un parque histórico con arbolado maduro y de gran porte, con el inevitable riesgo asociado que eso supone».

Entendido, Madrid.

* * *

Once meses después de nuestro saludo en el Quintín, Lynn murió en Madrid. Hasta donde supe, ya no pudo sortear la batalla contra una leucemia. Tendría 60 años y quizá con sabiduría intuyó que era hora de exiliarse de verdad. Sus compañeros de trabajo postearon: «Estamos seguros de que no habría querido otra cosa más que la fiesta siguiera». Mi maestro periodista Miguel Bonasso decía que los muertos no saben venderse, no tienen buena imagen, no son modernos; que no había nada más antiguo que un muerto una milésima de segundo después de morir. Con Lynn se equivocó.

UN ROSTRO BONACHÓN

Minutos antes de las tres de la tarde del lunes 16 de octubre del interminable 2023, mi escolta me trasladaba a Polanco para comer con un grupo de periodistas y Omar García Harfuch, el exjefe de la policía de la ciudad quien me garantizó que nadie me pondría en riesgo después del atentado y proveyó el grueso de la escolta que me protegía, el operador de la ofensiva para capturar a los 13 hombres y mujeres que supuestamente se habían asociado para matarme, sobreviviente él mismo de un violentísimo atentado el 26 de junio de 2020, y quien en ese momento estaba concentrado en alcanzar la candidatura del partido oficial, el partido del presidente, al Gobierno de nuestra ciudad de nueve millones de personas. Minutos antes de las tres de la tarde me llamó Rosa Icela. No hablaba con ella desde la madrugada del atentado, diez meses atrás. «Los *marshals* de Estados Unidos nos acaban de confirmar que detuvieron al Patrón», dijo como si me dictara el *lead* de la nota de ocho columnas. «Lo detuvieron en California. Es una muy buena noticia. El presidente nos ha insistido en que pongamos mucha atención y no soltemos tu caso».

Desde las primeras detenciones, las de principio de 2023, surgió el nombre del Patrón. Se presumía que era el jefe de la banda de los sicarios, el que los contrató y financió. Armando Escárcega Valdez decían que se llamaba. Las autoridades mexicanas y la Interpol lo perseguían. Se presumía que estaba escondido en California. O en Cleveland o en Chicago.

Contra su costumbre, Omar arribó a la comida con un retraso de 15 minutos. Lo atajé antes de que se uniera al grupo, me dijo que no sabía nada, que venía de un evento con Claudia, ahora candidata del partido oficial a la presidencia de la república. Pero a las 17:43 horas, cuando circulaba de regreso de Polanco, me escribió en WhatsApp para abundar que el Patrón fue capturado sin violencia en la casa de unos familiares en Delano, California, y que en breve sería presentado ante una corte federal en San Diego. Conjeturó que en un par de días podría ser entregado al servicio de inmigración de Estados Unidos, y que también a la brevedad podría cubrirse el papeleo para ponerlo en manos de las autoridades mexicanas.

Casi en simultáneo recibí de otro número la primera y única fotografía conocida del Patrón en Estados Unidos, un plano medio corto en que miraba a la cámara desde el asiento de una camioneta, deduzco que ya sometido por los *marshals*. Me pareció el rostro de un tipo bonachón que partía con la familia a un día de pesca, o a una *barbecue* de hamburguesas en el lago del condado contiguo, Lake Woollomes, digamos. Amigos fisionomistas desenterraron en cambio una mirada determinada y astuta. Una psicóloga de culto apuntó que en ese rostro resaltaban la falta de conciencia moral, el resentimiento, el cálculo, el cinismo y una línea que no entendí: la posibilidad de postergar la gratificación.

El Patrón al ser detenido

La Fiscalía General de la República que, a solicitud mía, tomó la investigación del atentado en septiembre de 2023 (se la quitamos a la Fiscalía General de Justicia de la Ciudad de México, donde yo sentí que se había atascado), anunció en la noche la captura con fines de extradición de Armando Escárcega Valdez por la autoría del intento de homicidio en mi contra. De acuerdo con la acusación, el Patrón integró y comandó la célula criminal gestada para ultimarme. Utilizaba seis coches y tres camionetas. Tenía 11 domicilios «para realizar reuniones de planeación y coordinación de actividades delictivas, como homicidios, extorsión y narcomenudeo»; proveía vehículos y armas al grupo, era el pagador y varias veces saldó los encargos con droga. La autoridad mexicana reportó hallar en los cateos cuatro pasaportes y 12 tarjetas bancarias a su nombre. No parecía ser un malo de poca monta. A los investigadores de la Fiscalía General de la República les asombraba el control quisquilloso, siciliano, que el Patrón y los de su confianza mantenían sobre la contabilidad de los gastos, anotados con buena caligrafía en una libreta media carta de argollas. Tickets de Coca-Cola, notas de gasolina de un Audi y de las frituras adquiridas en el 7-Eleven; pastilla por pastilla, gramo por gramo entregado y vendido de cristal, cocaína, mariguana, fentanilo. Y una nómina semanal de ocho personas. El Bart cobraba siete mil pesos, pero en la del atentado el monto subió a 40 000 (unos 2 000 dólares) y el del grupo de los ocho, el Bart incluido, se cuadruplicó para alcanzar unos 15 000 dólares, una nómina de medio pelo en una libreta que sería modélica en una escuela de contaduría.

Las autoridades estadounidenses informaron que fue detenido por falsear el trámite de renovación de su visa en 2019, ya que a la pregunta en el formulario de si tenía antecedentes penales escondió con un «no» dos detenciones ocurridas menos de cinco años atrás. Podría ser expulsado sin extradición mediante.

En la televisión y en las redes agradecí la captura. La noticia impactó, retumbó. Y confundió. Los apresurados, una mayoría, tradujeron que había caído el autor intelectual del atentado del 15 de diciembre, una captura decisiva. Pero ¿qué tan importante podía ser? En una estructura criminal como la que perfilaba la fiscalía, el Patrón sería el bróker, el intermediario que ganaría un dinero o un ascenso por contratar, organizar y pagar a los ejecutores. Sería acaso el segundo piso de un edificio de cuatro, cinco niveles. Preferí no festejar, no adherirme al mito del Patrón todopoderoso.

Por esas semanas navegaba en las aguas que Nicola Lagioia describe en *La ciudad de los vivos*, su bien vendida y reseñada novela-reportaje sobre la irracionalidad de dos jóvenes romanos de «buena familia» que torturaron sexualmente hasta la muerte a un chavo guapo y pobre de 23 años. Las aguas que Lagioia expone como el espacio de las preguntas inevitables que no sirven para nada, el infinito donde no puede descartarse ninguna hipótesis y en donde el conocimiento de la finalidad instrumental del intento de asesinato se volvía terriblemente vaporoso. Terriblemente inatrapable.

* * *

Seguramente sabedor de que las cosas le habían salido muy mal, pero quizá confiando en que la suerte le pagaría algún adeudo, a las 9:44 horas del miércoles 4 de enero de 2023, en busca de un escondite o de protección, el Patrón pasó a ser en la estadística una de las siete mil personas que ese día entraron a pie a Estados Unidos por las casetas de la garita de Otay, Tijuana. Según los registros migratorios, ya no salió de Estados Unidos en los siguientes nueve meses y medio.

Tara McGrath, fiscal de la Corte del Sur de California, implacable fiscal estadounidense, quiero creer, expuso que las estancias en ese país de Armando Escárcega Valdez, el Patrón, solían ser breves. Puntualizó que entró el 16 de febrero de 2022 y se fue el 20 de ese mes, regresó el 3 de abril y se marchó el 6, e hizo lo mismo en junio: entró el 19 y partió el 22. La prolongada estancia entre enero y octubre de 2023 violaba además el plazo legal permitido de seis meses de permanencia continua para el portador de una visa de turista, como la suya.

Tara McGrath manifestó que el Patrón era un abogado de 54 años que vivía en la Ciudad de México con su esposa e hijos, que fue arrestado por fraude en 2016 y por un caso violento y grave de extorsión en 2017. Con la claridad gramatical de los mundos en donde la claridad y la gramática sí importan, y en donde la ley acostumbra a ser la ley, la fiscal sintetizó:

Para entender por qué el acusado dejó súbitamente la ciudad en donde trabajaba y vivía con su esposa y tres hijos para entrar a Estados Unidos, debe considerarse otro evento. El 15 de diciembre de 2022, un tirador desde una motocicleta atentó contra un *«prominent journalist»* en la Ciudad de México. Fue un atentado que atrajo gran atención. El Gobierno de Estados Unidos considera que el viaje que hizo el acusado por tiempo indefinido es un intento de huir de la persecución por su involucramiento en el atentado.

Severamente pulcra, Tara McGrath apuntó que, desde mediados de enero de 2023, más de una decena de personas estaban presas por el atentado, que las primeras investigaciones en México relacionaban al Patrón con las personas presas, que el 30 de enero, el Gobierno mexicano pidió aprehenderlo por el papel que habría jugado en el atentado y que, el 17 de febrero, Interpol emitió una ficha roja por los mismos hechos. Luego le solicitó al juez James E. Simmons Jr. que no le concediera la libertad que pedía mediante el pago de una fianza de 25 000 dólares, ya que aparte de tener antecedentes criminales, sus incentivos para fugarse eran muy altos; y que no se dejara impresionar por la falsedad de que se le perseguía por motivos políticos, ni de que, si regresaba a México, sería asesinado.

El acusado pide ahora asilo político —concluyó la fiscal—. Pero la deducción razonable es que estaba consciente de su culpa y temía ser detenido. No entró a Estados Unidos el 4 de enero para hacer una visita: entró para huir de la justicia mexicana. Su necesidad de huir era y es tan poderosa que lo hizo abandonar su carrera de abogado, a su esposa y tres hijos, así como a dejar atrás la vida que construyó en 54 años. Dice que tiene dos hermanos en California, pero en todo caso los visitaba esporádicamente. Quiere pedir asilo político, pero no lo pidió en enero de 2023, cuando entró a Estados Unidos. Tampoco lo hizo en julio de 2023, cuando expiró el plazo de seis meses de la visa para permanecer en Estados Unidos. Vino huyendo de la persecución.

El 15 de diciembre, justo al cumplirse el año de lo mío, el juez Simmons Jr. le negó la libertad bajo fianza al Patrón. Tendríamos que tomarlo como un triunfo, pero si nos ceñíamos a los hechos, los abogados del Patrón, o los abogados de quienes lo protegían, lo habían salvado de la expulsión exprés. La próxima audiencia sería en marzo. Terminaría el año en aquel país, no en el nuestro.

Un año, pues, y yo seguiría en el misterio de no saber quién fue ni por qué lo hizo. Las autoridades, los fiscales, los abogados que me acompañaban, periodistas y estudiosos, me recomendaban no olvidar que los tiempos de la justicia y la búsqueda de la verdad no eran breves. Lo comprendía, pero comenzaba a sentir una vergüenza de reportero al no saber contestar las preguntas sobre mi reportaje. En las miradas de quienes no estaban adentrados en el periodismo, la política o las complejidades criminales, es decir, en las miradas de familiares, amigos y curiosos, percibía mi pérdida de credibilidad al seguirles respondiendo que no tenía idea de quién quiso matarme, ni por qué. Hundido en esa desmoralización opté por darle jerarquía a la descripción y narración de las capas, sombras y absurdos que envolvían al atentado y dejar en un segundo plano la búsqueda de la verdad procesal, legal. A partir del mes 12, mi prioridad sería contar el desarrollo que iba tomando este suceso incierto. Tratar de armar un relato con el que pudiera responder las preguntas que me hacían, y tal vez escribir un libro. Pero ¿el enésimo libro sobre el México salvaje? ¿Un libro para mí y los míos, o para el gran público con el que hacía contacto día con día en la radio y la televisión? ¿Valdría la pena esa inversión? ¿Cómo lo contaría para no enredar a la víctima en que legalmente me había convertido, o al periodista que quería seguir siendo?

Esa tarde, antes de ir a la televisora, hacer el noticiero y tener en el estudio el brindis navideño con el equipo, que en realidad sería un brindis por el primer 15 de diciembre, terminé de leer *La ciudad de los vivos*. Lagioia: «La naturaleza humana es sensible al autoengaño. [...] El dolor, a veces, no es más que un pretexto para dar rienda suelta a la imbecilidad personal de cada uno, o al narcicismo más desenfrenado».

Un año en que hice un esfuerzo para no condensar las cosas en una crónica simplista y convenenciera. ¿Qué seguía para mí como contador de la historia de un periodista atacado? ¿Mantener el empeño en desdramatizar o tratar de llevar el drama al extremo?

GRATITUD

Hago una pausa en el relato, en esta narración de una historia incompleta, para dar las gracias.

En la conmoción de emociones primarias en que me encontraba la tarde del 16 de diciembre de 2022, el teléfono, que no paró de sonar, los escoltas a quienes debía ahora dar de comer y no sabía cómo, las compras que ya no podía hacer, las noticias que no terminaba de leer ni escuchar; trastornado en ese *shock* comencé a darme cuenta de lo que prácticamente la totalidad de los periodistas mexicanos emitían con vehemencia en radio, televisión y sus redes sociales. Aun quienes se jactaban de ser indiferentes con mi trabajo, o los hostiles con los que choqué en el pasado, manifestaban solidaridad, cercanía. En mi ontología de descreído una palabra es sagrada: gratitud. Gracias.

La directora del diario de las confianzas y los afectos del presidente me llamó esa tarde para externarme sus sentimientos, los plasmaría la mañana siguiente con un generoso despliegue en la parte superior de la portada. Me aconsejó en clave amistosa y premonitoria: «Ahora tienes que entender que ya no vas a poder andar de machito paseándote a solas en la calle». Ningún colega, competidor, rival se sirvió de la convulsión para descalificarme o sugerir que me lo merecía, o para fabricar una historia personal que me dañara y dañara a los míos. También valió la pena sobrevivir para presenciar ese inolvidable acompañamiento gremial.

Salman Rushdie escribió después del atentado del que milagrosamente salió vivo en agosto de ese 2022 que, cuando notas en la cara el aliento de la muerte, el resto del mundo queda muy atrás y puedes experimentar una enorme soledad: «en momentos así, palabras amables te reconfortan y te dan fuerza, te hacen sentir que no estás solo, que quizá no has vivido y trabajado en vano». Recibí miles de mensajes en mi teléfono y bandeja de entrada. Me enorgullece contar que a minutos de la cena de Navidad terminé de responder cada uno, así fuera con un económico «gracias por estar cerca». Escribieron desde luego los seres amados y los amigos de distintas épocas, los poderosos, los famosos. Y quienes menos lo pensaba, como los vecinos del barrio. Dejaron una carta firmada por decenas de ellos con el vigilante del edificio, ahora bajo la custodia de camionetas con policías y rifles las 24 horas del día:

Ante la imposibilidad de darte un abrazo fuerte y fraterno, cada uno de nosotros te transmitimos nuestro aprecio y admiración, deseamos que cuanto antes recuperes la paz y la tranquilidad que injustamente te han arrebatado. La agresión de que fuiste objeto fue de alguna forma una agresión a todos nosotros, a la seguridad del ciudadano común, y fue al mismo tiempo el mayor atentado a la libertad de expresión que se ha dado en el país. Esa noche fue seguramente la más oscura y difícil de tu vida, pero la enfrentaste con valentía y tuviste la fortaleza física y mental para cumplir con tu diario trabajo. Eso, querido vecino, muy pocas personas en el mundo podrían soportarlo.

No era que las balas que se estrellaron en el blindaje me estuvieran otorgando un resplandor interno, ni que las emociones positivas estuvieran superando a las negativas en una proporción de tres a uno, o más. Pero en ese tiempo en que las cosas se movían más de la cuenta y en mi mente rebullían las ideas destructivas, el afecto, el cariño, la fraternidad, renovaron mi convicción de que la vida tenía que seguir, faltaba más.

No sentía rabia por los hombres y mujeres que se asociaron para masacrarme. Cercanos y amigos me echaban en cara que los justificara y blanqueara. Mis explicaciones les sonaban a beneplácito, a una mala adaptación de la parábola de los salteadores de caminos, el buen samaritano y la misericordia. No los justificaba, ni los blanqueaba ni los exoneraba, pero ¿qué esperaban, que despotricara por despotricar?

¿Esperaban eructos, escupitajos? No. En su libro, que se publicó en la primavera de 2024, Salman Rushdie rezongaba sobre el hombre que lo acuchilló, malhirió, cegó un ojo y le hizo perder el movimiento de una mano. Lo llamaba el «A», «el asno», y se perdonaba por llamarlo así: asno. No buscaría ganarle un concurso de corrección política a Rushdie, pero ¿yo llamando asno al Bart, basura al Yeyé, mierda al Patrón? No. Pregunto además como reportero, ¿no es más atractivo tratar de comprender sus motivaciones y sentimientos con la relativa distancia anímica y metódica con la que debería aproximarse un profesional? ¿O debemos dejarles esa labor a los neurocientíficos o a los genetistas?

Trataba, en fin, de mantener las razones y deseos para no hacer perdurable el rencor, y para no olvidar que al día siguiente del atentado icé la expresión breve «la vida sigue y hay que hacerla mejor». Y así suene a idiotez soberbia o a progresía risible, me sentía bien prohijando ese imperativo ético del olvido, repugnando la idea de odiar. «Después de cada guerra alguien tiene que limpiar, no se van a ordenar solas las cosas», escribió desde la poesía Wisława Szymborska: la vida sigue, y si uno no limpia, ¿cuándo se seca la sangre? ¿Cuándo llega el duelo a su fin?

* * *

Mi experiencia terapéutica con la especialista que analizaba la escala de gravedad del estrés postraumático fue de dos sesiones, unos veinte días después de los disparos. Me preguntó si experimentaba en forma involuntaria recuerdos o imágenes desagradables y repetitivos del suceso. Le respondí con la precisión que pude lo que diría ahora: los experimenté una o dos noches, nada notable como para escribir un libro. Me preguntó si había momentos en que realizaba conductas o experimentaba sensaciones o emociones como si el suceso estuviera ocurriendo de nuevo. Le respondí que no, y ella preguntó:

—¿Sufres un malestar prolongado al exponerte a situaciones o pensamientos o imágenes que te recuerden algún aspecto del suceso?

—No, al contrario: trabajo para reconstruirlo —retomé a Toni Morrison y la retomaría con vigor redoblado hoy: en algunas sociedades hay gente cuyo trabajo es recordar, y a mí me gusta creer que soy una de ellas.

Ella continuó, sin asombrarse ante el tipo al que le tiraron de balazos y ni pesadillas tenía, seguramente había escuchado decenas de casos más delicados:

—¿Sientes reacciones fisiológicas intensas, sobresaltos, sudoraciones, mareos al tener presentes pensamientos o imágenes o situaciones reales que te recuerden algún aspecto del suceso?

—No. No.

Hora y media duró cada sesión de terapia.

PRIMER EPÍLOGO

En el tramo postrero del vuelo sin misterio de 11 horas que me traía de Madrid a casa, tras el descanso de fin de año, y con el que comenzaba mi 2024, encontré, para el deleite, el artículo de Sergio Ramírez sobre sus «Viejos años nuevos». Escribía que a diferencia de las fiestas con cumbias de tocadiscos, platillos de pan rallado, dulce de rapadura y un pavo indígena que se criaba y alimentaba para la cena en el patio del modesto hogar en su Masatepe nicaragüense, el año nuevo madrileño era sentarse frente al televisor para ver la celebración en la Puerta del Sol y comerse mientras tanto las uvas que ya venían en cajitas de 12 unidades, y que quizá ser madrileño significaba que, «cuando aterrizo en Barajas, siento, de alguna manera, que estoy volviendo a casa». Al aterrizar en el Aeropuerto Internacional Benito Juárez, sabía que estaba de vuelta en casa. Abrí WhatsApp en el asiento del avión, brincaron decenas de circulitos verdes, unos marcaban uno, otros tres, otros 16 mensajes que me puse a leer, supongo que con las pupilas dilatadas. ¿Qué desastre acababa de acontecer? Volver a casa seguía siendo, de alguna manera, reconfigurarse en segundos dentro de una sudorosa, malsana liberación de adrenalina.

El 2 de enero de 2024, mientras leía a Sergio Ramírez y dormitaba en el vuelo de 11 horas y veía películas pendientes —*Barbie*, *Tár*— y escuchaba la flamante interpretación de Víkingur Ólafsson a las *Variaciones Goldberg*, el presidente servía de plato principal en su primera conferencia mañanera de 2024 la rememoración de cuando, siempre según él, insinuó a los dueños de los dos medios donde trabajaba —radio y televisión— que me controlaran porque, dijo que les dijo, habían consentido que yo adquiriera demasiado poder. Sentí que era un explosivo amedrentamiento montado como anécdota bufa para ablandarlos y burlarse de ellos por no haber tenido los pantalones (la jerga del *bully*) para meterme en cintura y, según entendí, porque decía que las respuestas de los dueños fueron idénticas: no me frenaban porque me daban trato de periodista independiente. «Yo todavía ando buscando a quien se los crea», los agravió, y para afianzar que pasaba a hablar en serio, remató: «Es uno de esos periodistas que llegan a ser líderes de opinión y son los que reciben más dinero, ganan más y también son de los que más desprestigian al noble oficio del periodismo».

¡Chingada madre! Dos semanas y media sin hablar de él, sin producir ni conducir programas, sin escribir una nota, sin *likes* ni retuits y me daba la bienvenida a México con uno de sus atropellos ponzoñosos, espantoso el mal aliento de su desprecio. Comenzó el año buscando pleito. Nadie me había forzado a regresar de Madrid, a este teatro depravado quería volver. Aquí estaba, con la quijada adormecida, entumecida por su izquierdazo, 2 de enero, mi viejo año nuevo. Aquí estaba, destripando durante el recorrido por los pasillos del Benito Juárez si lo que me acababa de propinar era trivial o trascendente, si el puñetazo marrullero fue un clarín de órdenes para que sus extremistas e ingenieros del caos avanzaran sin misericordia para cancelarme de mi carrera profesional, y quién sabe de qué más. En la eterna espera en las bandas de equipaje escribí desde ese aturdimiento un texto suicida para avisar a mis dos jefes que no me presentaría a trabajar el día 4 de enero, como habíamos quedado, que no me presentaría nunca más, pues estaba hasta la madre y no los metería en más aprietos. Algunas virtudes tendrán las morosidades en nuestro arcaico aeropuerto, pueden enfriarte antes de enviar un WhatsApp estúpido. Cuarenta minutos después, con el equipaje completo, camino a la aduana, mi escolta a la vista, borré sin darle *send* el primer mensaje que redacté al poner pie en mi patria.

En mi departamento pensé en responder con un tuit; no lo hice. A la mañana siguiente, última de mis vacaciones, sopeaba en el café con leche una impar concha de chocolate (volver a casa: como los franceses aman el queso francés, yo amo las conchas de chocolate mexicanas) cuando encontré en el periódico la caricatura editorial de Paco Calderón. La tituló «Aquel tumor maligno», infiero que por la frase que el presidente me zampó el día previo a que me dispararan, esa de que quien escuchara o viera mis programas corría el riesgo de encajarse un tumor en el cerebro. Él, enanito, aparecía frente a un televisor que me sintonizaba en el estudio de transmisiones con un gran micrófono. Amargamente viejo y cómico, se limpiaba las lágrimas con un pañuelito blanco mientras sollozaba: «Sobrevive atentados, le injerto paleros, le digo a los dueños… ¡Y NADA!». Y nada. Paco Calderón, genial, otro excompañero de la universidad, la jesuita Iberoamericana.

No volvió a incordiarme, fastidiarme, jorobarme en las conferencias mañaneras de los tres meses posteriores a la invectiva del 2 de enero. Pudiera ser que su equipo midió que tratar de prensarme no les redituaría antes de las elecciones, o que él se aburrió de mí, o qué sé yo. En ese primer trimestre de 2024, Raymundo Riva Palacio, amigo, periodista de destacada trayectoria, unos años mi jefe editorial, compañero en la producción de entrevistas y, por su lucidez, una voz incomparable a la hora de recapacitar sobre el oficio, obtuvo la sentencia definitiva de un tribunal para que el presidente dejara de injuriarlo y hostigarlo con subjetividades, mentiras e ilegalidades, como lo había hecho en múltiples ocasiones. Fue el primer periodista que le ganó un juicio. Raymundo me sugirió que lo imitara, le pedí el contacto de su abogado, pero preferí no hacerlo.

Si esta fue una batalla, creo que la fue, ¿quién predominó, quién se impuso? En el arranque de 2024, él mantenía una buena aprobación de 65% y nosotros seguíamos produciendo esencialmente lo mismo y en los mismos medios que al principio de su gestión. No nos espantó ni concedimos hacernos diminutos. Llegábamos a más personas, nos pagaban lo mismo y, lo he señalado, ante no pocas miradas nos habíamos convertido en símbolos de heroísmo. Ahí estaba él, ahí estábamos nosotros, ahí estaba yo. No me iba a quejar.

SPIN Taller de Comunicación Política, una pequeña empresa especializada que se acreditó por el innovador método con el que midió las conferencias matutinas de él, registraba que, hasta el primer trimestre de 2024, Carlos Loret de Mola, el conductor y reportero que, con su equipo, exhibió como nadie la corrupción de los colaboradores, amigos, parientes e hijos de él, había recibido 590 ataques de Palacio Nacional. Enrique Krauze, el historiador que alertó décadas atrás sobre los peligros de las presidencias imperiales y los mesías tropicales, tenía 381. En tercer lugar estaba yo, con 272 ataques. ¿Me iba a quejar?

Mientras tanto, él repetía con elocuencia que, en octubre de 2024, cuando concluyera su mandato y desalojara su Palacio Nacional, se borraría de la vida pública, se encerraría en una finca chiapaneca-tabasqueña y no hablaría con nadie de política, periodismo, historia; que escribiría libros y cavilaría. Contrario a lo que opinaban sus críticos, yo sí le creía. No porque discurriera que acabaría entrando en razón y se alejaría de un poder que no le correspondería. Le creía porque, de no encerrarse, ¿en dónde podría aparecer?

¿En una playa comunal de Acapulco, en un hotel de Cancún o Cabo San Lucas; en el vuelo doméstico de una aerolínea nacional, en un vuelo a Europa, Nueva York, Bogotá; en un parque familiar, o en un restaurante barato o elegante; en una librería de Guadalajara o Coyoacán; en un concierto de música tropical; en el estadio de beisbol de Monterrey si regresaban los Yankees, con Aaron Judge; en una iglesia para confirmar a un nieto; en una obra de teatro sin que lo incordiaran, fastidiaran, jorobaran, sin que le gritaran viejo mentiroso, viejo cabrón? Si le quedaban restos de capacidad reflexiva, o consintiera todavía un consejo, avizoraría que en unos meses se hundiría en la fase del poder en que no se progresa, por el contrario. Por eso le creía cuando recalcaba que en octubre se apagaría dentro de su finca chiapaneca-tabasqueña de, según el meteorológico, días calurosos, bochornosos, mojados.

Él estaba preparando su refugio, su guarida, con más consciencia y logística que yo, o al menos así lo valoraba en las reconstituyentes caminatas de enero por el bosque fantástico de mi barrio coyoacanense, también de arbolado maduro, como el del Retiro. Así imaginaba nuestro porvenir al ejercitarme en el parque vivero de 40 hectáreas donde las pugnas y tragedias se aligeraban y encogían a una dimensión de poco peso. Eso era también volver a casa en el invierno mexicano de mediodías templados y soleados, para quienes les importen esas cosas.

SEGUNDA PARTE

¿QUIÉN SE CHINGÓ A QUIÉN?

LOCO, NO ME RAJO

Soy mexicano, esta es mi bandera

Yo la levanto por donde quiera

Verde, blanco, rojo hasta que muera

El barrio prendido, ya quemó afuera.

—«Por mi México», canción escrita por el rapero sonorense
Lefty SM, asesinado en su casa de Zapopan, Jalisco,
el sábado 2 de septiembre de 2023. Cuatro sábados después,
cantando «Por mi México», los hiphop mexa Santa Fe Klan
y Tornillo flanquearon al Canelo Álvarez camino al ring
para la pelea de campeonato mundial contra Jermell Charlo
en el T-Mobile Arena de Las Vegas. La audiencia en la televisión
abierta de México superó los veinte millones de personas.
Lefty SM tenía 31 años, se tatuaba de corazón

Me tiene hasta la riata, la gente con su mitote

Pero me despreocupo, me pelan todo el garrote.

—«Por mi México», Lefty SM (¿quién lo mató, por qué?)

¿Quién se chingó a quién? ¿Me chingaron ellos, los que no acertaron? ¿Me los chingué yo, el sobreviviente que entra a la, por mí tan esperada, audiencia del 7 de febrero de 2024, sala del centro de justicia, confiado en que su coraza de reportero bragado le dará serenidad para sortear sin trastornos este primer encuentro presencial con ellos, pero que adentro se da cuenta de que las rodillas y la respiración lo están traicionando y delatando? Paso a su lado, cruzamos miradas que bajamos de inmediato, la cautela aplaca la curiosidad. Un asistente del juez me indica que mi silla está a la derecha de la sala más grande del centro de justicia del Reclusorio Norte de la Ciudad de México, la cárcel sobrepoblada que en su día a día, noche a noche, prueba que en la tierra hay graduaciones del infierno. Me siento y anclo el bolígrafo Bic en la tapa blanda de mi libreta negra para que no se note el temblor de mi mano. Estoy nervioso y no regalaré la imagen del que no supo estar a la altura. Respiro con el agobio del tenista que no está fino y sirve en 15-40, relajo los hombros, bajo la vista y percuto con suavidad la punta del bolígrafo en la libreta, varias veces, varias, varias, como bota la pelota Djokovic antes de servir, y creo que me recupero. Entonces me atrevo a mirarlos en conjunto. Y ellos a mí. Supongo que nos miramos con la desconfianza mutua de quienes prefieren ignorar los males futuros. ¿Qué estarán pensando de mí los seis hombres y seis mujeres sentados del otro lado del pasillo de un par de pasos de ancho? ¿Qué pensarán de mí, Lefty SM? ¿Dirán como en tu canción: «Pinche puerco joto, atente a las consecuencias»?

Los 12, mansos, limpios, bien peinados, bien arreglados con el *beige* obligatorio, unos con chamarras gruesas, otros en camisetas para lucir los tatuajes multicolores, todos atentos, como yo, a que el secretario del juzgado ordene ponernos de pie para que este mediodía, 13 meses y 23 días después del ataque, un estricto juez de apellido Perrusquía y nombre Edmundo marque con su mallete el inicio de la audiencia intermedia. En el pasillo, entre ellos y yo, o entre ellos y el nosotros que hacemos el fiscal especial Ricardo Sánchez Pérez del Pozo, sus tres asistentes y mi abogado Javier Esquinca; entre ellos y nosotros, seis guardias nacionales desarmados, fortísimos, deberán salvarnos si una agresión física sucediera.

¿Será verdad que en las cuevas habitan los ángeles caídos? Vuelvo a cruzar miradas con ellos, ellas, y supongo que nunca ascendieron a un cielo del que pudieron haber sido arrojados. ¿Habrán tenido alguna vez la gloria de ser libres y optar, optar por hacer el mal? Ahí están, encarnados, en flota, mis supuestos agresores y también personajes en mi relato, el Yeyé, el pavoroso Dedotes, *Pool* Pedro, Lesliye, Daniela, Junnuén. Procuraré ser el periodista, no la víctima. Trataré de describirlos con precisión, rigor, coherencia, fecundidad. Lesliye tiene 30 años; igual que Daniela. Junnuén es más joven, 27; Elizabeth y Sergio tienen 33; Cinthia Yeyetci, 36; Tania, 40, los mismos que *Pool* Pedro y el Yeyé. El Dedotes es más joven, 38; Erick Hazael, 24 recién cumplidos.

Dos filas delante de ellos, con el espaldar de la silla pegado a la pared, viéndome de frente, de chamarra y playera azul marino y tenis Air Jordan negros, codo a codo con un abogado canoso que le runrunea con calidez, está sentado Héctor Eduardo Martínez Jiménez, el Bart, 37 años, sus largas y delgadas manos tatuadas, otro que «en el pintón, se tatuó de corazón». El cuello tatuado, la cara de perdonavidas con cinco tatuajes, dos del lado derecho a la altura de los ojos, dos del lado izquierdo a la altura de los ojos y uno más del lado derecho, a la altura de la barbilla. Y el aire matonesco de quien quisiera dictar que esto es una broma de la que pronto se librará. La vida tatuada, el que dice que mató al motociclista David, o el Davies, puras pinches loqueras, *poc, poc*. El que me disparó a 1 metro y no me pudo matar. El que le contó a Saskia que asesinaba y mutilaba y que eso le gustaba. Se le ve saludable, la terapia antirretroviral para tratarle el VIH en la cárcel debe estar funcionando. En la sala del centro de justicia da miedo, es elocuente y lo más distante al vicioso extraviado, semiinofensivo que describieron sus vecinos. Sí, las observaciones colectivas suelen ser las más erróneas de todas. ¿La mirada que fija en mí será la mirada sicaria? Si asumo que para ustedes seré lo que crean que soy, ¿quién soy para ti, Bart? ¿El pendejo que te dejaría una recompensa de 30 000 pesos? ¿Quién se chingó a quién?

Vine a la audiencia porque aquí quería estar. No he venido a encararlos. Acudo para estar a metros de ellos, la «célula de ejecución» que fracasó en el encargo de matarme. Vine a tratar de aminorar los sobrentendidos de nuestra historia. Quiero saber si son gordos, delgados, altos como es el Bart; si sudan y tosen, a qué huelen, a qué saben. Asumo que solo por pisar la sala, los abogados de ellos me pueden acusar de presionar al juez. Lo entiendo. No tienen por qué imaginarme como a una dualidad víctima-periodista que intenta unir sensaciones y afinar líneas. ¿Qué momento estaremos viviendo, ellos y yo, en una historia en la que quizá nunca sepamos determinar si el clímax se dio en la apertura, o se está dando en esta escenificación grandiosa y espantosa, o se alcanzará en un cierre inimaginable? Caso 274/2023. Tengo frío, funciona el aire acondicionado del salón y me duele mucho una muela, los analgésicos se quedaron en la camioneta.

El juez Perrusquía nos hace saber que en el proceso soy y seré la «víctima ofendida», y al pasar lista nos informa que Lesliye, la detenida número 13, la 13 de los 13, está embarazada, cinco meses de un embarazo de alto riesgo (comprendo ahí que lo exacto será dejar fluir el relato, contarlo como es, no hay necesidad para el periodista o la víctima de adensar el drama ni de llevarlo a lo extremo, el hijo de Lesliye habrá sido concebido en las cuevas formadas por el agua ácida del atentado). El defensor de Lesliye, de Lesliye Soledad Gómez Jaramillo, nos da la noticia que conocíamos: que ella ha pedido el procedimiento abreviado. Significa que reconocerá ser culpable de asociarse con el grupo, con la célula, sin haber participado directamente en el ataque. Si la fiscalía y yo aceptamos el procedimiento —lo haremos—, será sentenciada pronto y se le impondrá una condena que la sacará de la cárcel en días, mucho antes que al Bart, *Pool* Pedro, el Yeyé y el Dedotes, los cuatro acusados de homicidio calificado en grado de tentativa. Cuatro de las otras cinco mujeres informan que pedirán seguir la ruta abreviada de Lesliye.

Cinthia Yeyetci, quien ha cambiado de silla para tomar juguetona y dulcemente la mano del Yeyé, anuncia a través de su abogado que no lo hará, que defenderá su inocencia, según entendí. Miro a la pareja, ¿enamorada? Cinthia Yeyetci y el Yeyé me esquivan, están en lo suyo. El fiscal hace la relatoría, a estas horas tan descrita: mi salida de las instalaciones de la televisora, el trayecto, los nueve impactos en la camioneta blindada. Anoto en la libreta las palabras del lenguaje judicial, aprendo que el auto que frenó para que el Bart disparara hizo una «bajada de velocidad súbita». El término me hace sonreír, el Bart sonríe, se rasca la nariz y con la manaza en la barbilla vuelve a cuchichear con el abogado canoso. Me mira y me suelta, ¿querrá ganarme el pulso visual o solo andará de fantoche? Creo que nos estamos cansando de buscarnos con los ojos, «loco, no me rajo», pero ¿para qué seguir protagonizando una rivalidad de machos si él está aquí, yo estoy aquí y todos vamos juntos en esta sala? El juez dice sin humor que la sesión no será un maratón y prosigue, y yo sigo anotando y aprendiendo que hay 547 «elementos de prueba» y «medios de prueba», «escritos de acusación», «acusaciones resumidas sin lectura», «depuración fáctica probatoria de hechos», «delitos de acción».

«¿Qué hizo ese señor canoso, mayor?», le pregunto al fiscal Ricardo Sánchez Pérez del Pozo, de 41 años de edad a quien la Fiscalía General de la República ha encargado mi caso, la batuta del cuarteto que la fiscalía envió a la audiencia. Se lo pregunto al ver cómo un guardia nacional de brazos enormes le ordena al Bart que se ponga de pie para empujarlo con elegante técnica de profesional, una mano entre la espalda y la nuca que lo saca por la puerta que separa a la sala donde estamos del túnel que devolverá a los presos a sus celdas sucias y abarrotadas. «¿Quién es ese señor canoso, mayor?, ¿qué hizo?», le pregunto sobre el único de los 13 que, apurados por los guardias nacionales, abandonan la sala del centro de justicia del Reclusorio Norte al acabar la audiencia y no es treintañero. Un impasible sesentón, delgado, mirada amable, andar erguido, el último en desaparecer por la puerta de los réprobos.

—Es importante, es Aniceto Escárcega, Tío Chetos, le dicen, o Tío Cheto. Es tío del Patrón, parece que es hermano del papá del Patrón. Es el que llevaba las cuentas.

—¿Las cuentas impecables, peso por peso, arma por arma, gramo por gramo?

—Ese.

Aniceto Escárcega Saldaña: el pariente, el familiar, el tío. Según el expediente de la policía, era el contador y pagador de la organización criminal; ofrecía servicios profesionales y técnicos, y arrendaba inmuebles residenciales. La autoridad no le detectó operaciones financieras inusuales. Un genio del bajo perfil incluso en las nóminas de medio pelo. Un tanto admirable. Pero esta no es una batalla entre el bien y el mal, yo no quiero que lo sea, por eso no quiero hacerle un servicio al diablo dejándome seducir por estos personajes. Las mismas investigaciones que palomean la impoluta foja bancaria de Aniceto registran que ellos extorsionaban y secuestraban y ejecutaban. Allá pues con su destino el Tío Chetos, el Bart, ellos. Si los fiscales y los jueces hacen el trabajo y concluyen que sí fueron ellos, que ellos hicieron lo que parece que hicieron, si ellos trataron de matarme, tendrán que pagar. Así es este juego. Pero al menos me gustaría hacerles saber que no sentiré placer al verlos arder en el infierno en que se metieron. Y me metieron.

Uno por uno, los 12 de *beige*, las seis mujeres, los seis hombres, pasan a 1 metro de mí para seguir el camino del Bart, el encierro, la reclusión, la monotonía, el desgaste, la degradación. Qué triste es esto. ¿Para qué me dispararon? Qué desatino. En una hora, yo dejaré la periferia y estaré en mi departamento de 300 metros cuadrados y ventanales de piso a techo, limpio, templado, de primorosos rayos de sol por las tardes; comeré comida caliente; me bañaré con agua caliente; iré a ver al odontólogo de mi barrio que me practicará una endodoncia de emergencia y excelencia para aliviarme una pulpitis irreversible que me torturó en la sesión de la mañana; después haré el noticiero con mi equipo (tantos años juntos, son amigos, son familia); con Miriam, le contaremos a millones en televisión, radio, X, Facebook, YouTube, Instagram, TikTok lo que, según nosotros, aconteció en la audiencia del miércoles 7 de febrero de 2024, nos pagarán por hacerlo; compraré antibióticos y analgésicos caros para dormir en mi complaciente cama de sábanas suaves, como si nada grave hubiera ocurrido. Si conseguí mi objetivo como víctima y periodista, «levantando la bandera, viva México, cabrón», ¿por qué carajos no me siento bien?

LA OBEDIENTE SUMISIÓN
DE LA MANADA

Una semana después de la audiencia del 7 de febrero de 2024, el abogado David Hernández honró su palabra y arribó al estudio de nuestro programa de las mañanas para darnos una entrevista inusual; no sé qué tan frecuente sea la presentación en vivo y sin cuestionario previo del defensor de nueve personas acusadas de tratar de matar al periodista que lo entrevistará. Lo invitamos, aceptó. Una entrevista que presagiaba escándalo cuando agotáramos los «buenos días» de cortesía y ley.

El abogado canoso que cuchicheaba con el Bart en la audiencia llegó, a mi entender, demasiado elegante para un noticiero matutino, traje gris Oxford de tres piezas, camisa blanca con rayas grises delgadas, corbata de seda gris con franjas anchas gris perla, dos plumas en el bolsillo para el pañuelo del saco, reloj de 44 milímetros, el pelo canoso perfectamente peinado, el rostro perfectamente afeitado, el cutis

perfecto que no requiere maquillaje. No varió el tono modera-
do en los treinta minutos de conversación. Caballeroso, per-
mitió que Miriam y yo interrumpiéramos, él no lo hizo.

Le pregunté qué murmuraba con el Bart cuando me volteaba a ver y yo me preguntaba qué mascullaría sobre mí.
«No se preocupe, es evidente que Bart tenía muchas preguntas
que hacerme porque está en un pabellón donde está aislado completamente y es evidente que quería platicar con alguien», contestó dándome a entender que iniciábamos un
ejercicio en el que, diría un viejo periodista como A. J.
Liebling: «Si lo que buscas es la verdad, te recuerdo que la
clase de filosofía se ubica en el aula al fondo del pasillo».

Más que verlo a usted, Bart miraba a la mesa de litiga-
ción [la fila de seis sillas donde nos sentaron en la sala
del centro de justicia], miraba a uno de los fiscales, el
que estaba junto al pasillo, porque me manifestó que
ese fiscal era el que había ido a visitarlo a la cárcel para
manifestarle que me debía revocar a mí, deshacerse de
mí, que si lo hacía, le conseguiría una pena reducida y
otros beneficios si confesaba lo que pasó.

El abogado David Hernández expuso que, movido por ese
fiscal, el Bart presentó un escrito para informar que nom-
braría a un defensor público, pero reculó alegando que el
fiscal lo había confundido. «Bart me dijo que quería seguir
conmigo y así lo hice y la defensa pública se retiró», aseguró

NO ME PUDISTE MATAR

ante cientos de miles de radioescuchas, televidentes y seguidores en las redes sociales. «Eso era lo que me estaba diciendo el día de la audiencia y es posible que usted malinterpretara que las miradas fueron hacia usted, miraba a uno de los fiscales».

El Bart me miró una hora, no para exprimirme el miedo o hacerme vivir dentro de su mirada, no: enfocaba a un fiscal sentado cuatro sillas a mi izquierda. La verdad —recordemos a Liebling— se ubica en el aula al final del pasillo. No obstante, creo que para ese momento compartíamos un par de sobreentendidos: no aprovecharíamos la entrevista para causarnos daño y nos importaba un cacahuate que el público se quedara con las ganas de escuchar y presenciar un espectáculo sanguinolento. Él sabría a quién estaba dirigiendo sus versiones. Yo cubría los requisitos indispensables de la esgrima periodística, pero concentrado en 14 radioescuchas: los 13 encarcelados en México y el Patrón.

—¿Cuánto le cobra al Bart?

—Nada, lo defendemos por estrategia de defensa. En el despacho en que trabajo decidimos ofrecerle los servicios de forma gratuita para nosotros saber en dónde estábamos parados, qué es lo que él sabía, qué es lo que va a hacer. Y es por eso que nosotros decidimos representarlo gratuitamente. No le cobramos. La estrategia de defensa que llevamos es una y queremos unirla.

Ocho además del Bart eran los defendidos por David Hernández: los otros tres acusados de tentativa de homicidio, los cuatro de asociación delictuosa y el Patrón. Le pusimos el video de la cámara de seguridad de un elevador una hora después del atentado: *Pool* Pedro se lamentaba con el Yeyé y el Dedotes por la falla alarmante de no haberme podido matar. «El Patrón está que se lo lleva la verga y ahorita va a decir: "No, ¡cómo puede ser posible!"». Hermano, el tiro está hecho, no nos puede decir nada. El pedo es que ahorita ese güey [el Patrón] se va hasta a cambiar de casa, carros y todo».

El abogado ironizó con las combinaciones ilimitadas de la muletilla «patrón»: «A sus órdenes, patrón; es lo que pide el patrón; viene, viene, patrón».

—No es un juego de palabras, David. En fin, usted sabe que hay mucho más que la grabación del elevador.

—Sin embargo, ninguna palabra en que jamás se refieran con precisión al licenciado Armando Escárcega. Por desgracia, él representaba legalmente a dos de las personas que están siendo acusadas, con las que se juntó posteriormente al evento en que se trató de privarte de la vida y ahí es en donde empiezan a seguirlo —pasó a tutearme.

Es verdad que se juntaron posteriormente, lo es también que asistieron más de dos personas. Fue el 31 de diciembre de 2022, 16 días después de los disparos, en el Toks, una cafetería concurrida en un costado, en un descanso urbano de la autopista México-Querétaro, la más transitada del país. Los policías que los rastreaban, retrataron y grabaron el encuentro y adjuntaron las imágenes al expediente.

La célula de ejecución saliendo de la cafetería

Destaca la foto en que el grupo de nueve camina al salir de la cafetería. Van con él, *Pool* Pedro, el Yeyé, el Dedotes, Erick Hazael, el *Flaco* Brandon, Sergio David Berlanga y dos desconocidos para nosotros. Demasiados acompañantes para los dos supuestos defendidos por el Patrón, figura dominante absoluta en esa fotografía: a la derecha, el más alto, pantalón de mezclilla, playera tipo polo blanca de mangas cortas rojas, dos celulares y una nota de consumo en la mano que, es probable, entregaría al Tío Chetos para comprobar los viáticos.

—¿Qué te dice la fotografía? —le pregunté a Pablo, el magnífico guía de museos de Madrid, mientras tomábamos café cerca del Paseo de Recoletos después de un recorrido por El Prado en que disfruté su sabiduría y el lenguaje que desplegaba en su modo de ver los cuadros de Goya y Velázquez—.

¿Qué te dice la foto? ¿Es *La fragua de Vulcano, El triunfo de Baco?*

—Es una manada —respondía agrandando la imagen en el celular, el «móvil»—. Observa cómo van siguiendo al guía, al que llamáis el Patrón. Observa la obediente sumisión con que la manada sigue al que conduce.

Desde México, le pedí a Pablo una ampliación connotativa de *La obediente sumisión de la manada.* Lo invité a tratar la foto del Patrón como si fuera una pintura de El Prado o el Reina Sofía, como un cuadro original, silencioso e inmóvil. Lo animé con el concepto de John Berger de que, «si somos capaces de ver el presente con la suficiente claridad, lo podremos ser para plantearnos las interrogantes adecuadas sobre el pasado». Pablo texteó con sentido innovador:

Veo una maraña de intereses bastardos, ávidos de poder, dinero y sed de venganza, aderezados con la más violenta e ignorante marginalidad. Se estamparon contra el muro de la divina providencia. Al final, el patrón de la maraña sin rumbo acabó encallando en la maraña de rocas del Averno. ¡Qué sinrazón! La maraña acaba enmarañada.

Si comprendí lo que escribió Pablo, mi amigo de los museos de Madrid, era una manada desorganizada que buscaba comida en vano y comenzaba a pasar hambre, y que ahora

NO ME PUDISTE MATAR

deambulaba sumisa detrás del enérgico dirigente que los sacaría de la miseria, la angustia y la confusión. Fantástico.

—¿Al Patrón lo está defendiendo en Estados Unidos un poderoso despacho de abogados de Tijuana? —Le trasladé otra de mis dudas a David Hernández.

—Yo lo represento en México. En Estados Unidos lo representa un defensor de oficio, David Baker. —La primera búsqueda en Google denotaba que el *attorney* de San Diego, David L. Baker, dedicaba su práctica profesional a representar a clientes acusados de tráfico de drogas, lavado de dinero, contrabando de extranjeros, delitos sexuales, de guante blanco y conducción bajo influencia de estupefacientes—. Él, exclusivamente él, lo representa allá, no hay nadie más.

—Armando Escárcega, el Patrón, ¿no está gastando un dólar en su defensa en Estados Unidos?

—De aquel lado, ni un dólar. Yo soy su defensor aquí. Yo empecé a defender a Aniceto, su tío, y me contactaron los familiares.

—La familia Escárcega sí le paga a usted.

—Me pagan por la defensa del señor Aniceto y del licenciado Armando.

El abogado reveló entonces la que podría ser la nota de la entrevista: le había propuesto al Patrón y al *attorney* Baker que no malgastaran energía en combatir la extradición solicitada por la autoridad mexicana, que vinieran al país, que aquí la probabilidad de éxito sería más alta. No le creí.

—Cuando lo detuvieron en octubre de 2023, el Patrón dijo que, si lo traían a México, aquí lo matarían —lo interrumpí desde mi escepticismo.

—No me ha platicado de eso —me contuvo—. No he platicado acerca de esa manifestación con él. Sé que dijo que no venía al país, no por miedo a represalias ni mucho menos, sino por el miedo a la autoridad, a cómo estaba realizando el trabajo la autoridad de la Ciudad de México. El trabajo que hace hoy la Fiscalía General de la República es completamente profesional; por eso creo que el señor Armando debería venir, y por eso creo que probaremos su inocencia.

Se puso de pie con aplomo. Mientras le retiraban el micrófono de la solapa derecha del traje gris Oxford recordé aquella lección sobre los dos tipos de paradojas: una en que lo que vemos contradice lo que comprendemos; otra en que no comprendemos lo que vemos, o no vemos lo que comprendemos.

Sentí que, confiados en que no sería nuestro último encuentro, extendimos las manos, no con la formalidad de quienes saben que la mano se da una sola vez y en serio, sí con la complicidad de quienes, diría Sándor Márai, conocen que en lo sensacional y en «el peligro siempre hay fascinación y encantamiento». En la mirada del abogado parecía resaltar la satisfacción propia de los adultos que creen haber contado algo con exactitud y piensan que han sabido agrupar sus ideas de una manera clara y concisa. Quién seré yo para descartar que él estuviera más cerca de la verdad. Si Márai entrara al estudio para la entrevista de la próxima hora, mi primera pregunta sería si, tratándose de un atentado en el México de la tercera década del siglo, quien sobrevive no tiene derecho a levantar ninguna acusación.

—Gracias, abogado —me volví a despedir afuera del estudio.

—Gracias a ti, si en algo puedo ayudarte, no dudes en buscarme —dijo con Miriam de testigo.

—Supongo que la mejor forma de ayudarme será haciendo bien su trabajo.

—A tus órdenes. —Inclinó la cabeza canosa perfectamente peinada.

—No le deseo el mal a nadie, David.

—¿A poco ni a ellos? —Me miró ahora con la precaución del embaucador cuando está a un palmo de sacar ventaja.

—No, me habrían matado limpiamente, sin hacerme sufrir.

—¿De veras crees que te querían matar, que no sabían que tu camioneta estaba blindada?

A estas alturas, abogado, ya qué más da.

LA MUSICALIDAD
DE NUESTRA PATRIA

Jaime

Un domingo de marzo de 2024, seis días después de que lo secuestraron en Guadalajara, cinco días después de que lo soltaron por allá, Jaime Barrera, periodista televisivo estelar de esa ciudad, todavía la segunda del país, vino a mi departamento con su bella mujer. Habría hablado con él una vez en la vida, una década atrás. Arribaron con miradas limpias, dulces, diría. Sentí que les asombraba ver desde mi octavo piso tantos árboles y jacarandas. La Ciudad de México, dice Cristina Rivera Garza, capaz de matar a cualquiera, capaz de acoger a cualquiera. Creo que el fondo de la visita era dar y recibir un abrazo sin andarnos por las ramas. El secuestro de Jaime causó una conmoción nacional, pero llegaron en Uber a mi barrio, sin escoltas ni idea de en qué parte de la ciudad se encontraban, así era la musicalidad de nuestra patria.

Desde los ventanales del octavo piso les tracé la línea del lugar donde me dispararon y la ruta de escape que seguí. Sus preguntas tenían un gentil sentido humano. Parecían asustados y aturdidos. Revelaron que desconocían lo que harían semanas adelante. Me trataban como a un veterano de guerra, querían saber cómo era un día con guardias (el Gobierno federal les asignaría los suyos semanas después: escoltas, una camioneta blindada, botones de pánico), cómo se les hablaba, hasta dónde se les permitía, si se les compensaba, cuándo descansaban, cuánto importaban.

Sin ahogarse en el dramatismo, Jaime vislumbraba lo difícil que sería convivir con los secuestradores omnipresentes en el área metropolitana de cuatro millones de habitantes de Guadalajara. Como en mi caso, el primer reflejo de la autoridad apuntó al cártel criminal más poderoso del mundo, el de Jalisco, el de las cuatro letras. Le di mi opinión sobre lo volátil que era eso: ¿habría sido orden del líder, si es que hay uno en la vida real?, ¿o del segundo?, ¿o de los terceros? Si el cártel es una franquicia, ¿habría sido un franquiciatario? O, más simple, ¿habrían sido unos matones o bandidos prosaicos que en las tinieblas usaban la marca de las cuatro letras para tasarse al alza?

La Evaluación Nacional de Amenazas de Drogas 2024 de la DEA esquematizaba al Cártel Jalisco Nueva Generación como una eficiente estructura financiera que vendía su marca en franquicias para llegar a gran parte del territorio nacional y estadounidense. Un sistema para multiplicarse con rapidez, contar con liquidez inagotable y desplegar gente solo en ciertos momentos y ocasiones. ¡Como en mi atentado, como en su secuestro! Por eso le dije a Jaime que apuntar al CJNG con la facilidad que parecían estarlo haciendo las autoridades era como culpar de una catástrofe a los comunistas, los chinos, los terroristas islámicos, los marcianos.

Jaliscienses ellos, prefirieron brindar con un artesanal mezcal oaxaqueño. Local yo, brindé con un tequila reposado de Jalisco. Dos copas por cabeza que, sin inducirnos a subestimar lo ocurrido, o a atentar en contra del principio de realidad, me parece que clarearon una espiritualidad fraterna sobre la fragilidad de aquellos, como éramos ahora nosotros, a quienes la vida se les trastornó en un instante, pero que son conscientes de que no obligadamente tendría que ser para mal. Y que desde esa consciencia podríamos terminar sintiéndonos más orgullosos que avergonzados de nuestros infortunios. La desventura me compensó con una exquisita hora y media de reflexión, sonrisas, lágrimas, mezcal y tequila con Jaime y su bella mujer. Mi escolta los transportó al lugar donde se hospedaban, ocultaban, no sé, no pregunté, en nuestra zona metropolitana de 22 000 000 de seres humanos.

* * *

La vida nos pudo haber cambiado, no obligadamente para mal. Nueve meses más tarde, en diciembre del interminable 2024, Jaime Barrera y su mujer pasaron por Madrid. Vinieron contentos, cargados de entusiasmo y cariño, con buenas noticias, ilusionados con proyectos personales por completar en Guadalajara. Me trataron como a un viejo amigo. Los invité a comer una paella mixta tradicional y una pata de pulpo a la brasa en La Giralda, a 150 pasos de mi departamento de un cuarto piso sin jacarandas que disfrutar desde la pequeña terraza, pero sin rutas trágicas que trazar. Caminamos sin escoltas, sin voltear hacia atrás, libres los tres. Brindamos con vermut y vino tinto, disertamos con serenidad y buen humor sobre lo ocurrido, confiados en lo que pudiera venir. En la nutrida mesa de al lado, una familia madrileña cantaba y volvía a cantar unas mañanitas españolizadas. Miren que ya amaneció.

Javier

Somos excepción quienes nos dedicamos a esto y podemos brindar luego de ser tocados por los criminales. No brindaron Mateo González ni su esposa en San Cristóbal de las Casas, Ismael Villagómez en Juárez, Nelson Matus en Acapulco, Abisaí Pérez en Tula. A septiembre de 2024, de acuerdo con el recuento de la asociación Propuesta Cívica, 75 periodistas habían sido asesinados durante el gobierno de él: 75, 7-5. Un genocidio editorial.

No brindó el espléndido culiacanense Javier Valdez, cuya tragedia, de alguna forma, comenzó en mi oficina de la televisora una tarde de febrero de 2017. He referido que, en otra época, entre 2008 y 2013, dirigí un canal de noticias que hizo la crónica día a día de la «llamada guerra contra el narco» con los criminales rondándonos. En febrero de 2017, dirigía y conducía el noticiero nocturno de la nueva cadena nacional de televisión. Poníamos el acento en la política y también en los asuntos de violencia criminal que tocaban con la política y el padecimiento de la gente. Las organizaciones criminales, por tanto, seguían haciéndose presentes con nosotros, a veces por las buenas. Uno de los abogados del *Chapo* Guzmán, a quien conocí y entrevisté en vivo más de una ocasión cuando intentó en vano detener la extradición de su cliente a Estados Unidos, me pidió al mediodía una cita para entregarme una carta manuscrita de los hijos del jefe histórico de los cárteles de Sinaloa y el Pacífico. La tragedia de Javier pudo haber comenzado ahí por los enredos fatales que una nota o un programa de noticias llegan a causar en un país peligroso y violento.

En la carta, que revisamos y decidimos difundir esa misma noche, dos hijos del Chapo (Iván Archivaldo y Jesús Alfredo) acusaban a un exaliado, Dámaso López Núñez (apodado el Licenciado), de traicionarlos y lanzar una ofensiva relámpago para apoderarse del descabezado, pero todavía más poderoso cártel de las drogas en el mundo (en México, pues, teníamos a dos «cárteles más poderosos del mundo», el del Chapo y el de las cuatro letras de Jalisco). Los hijos del Chapo acusaban al Licenciado de haberles puesto una trampa mortal ese febrero en Badiraguato, Sinaloa, corazón del cártel, y le advertían que la traición lo condenaba a un insorteable desenlace fatal.

Javier Valdez manejaba esos temas, eran los suyos, su tierra, sus personajes, su periodismo. Le dio seguimiento a la carta y se apropió de la historia, como debía ser. El 2 de mayo de 2017, soldados y agentes federales detuvieron al Licenciado en la Ciudad de México. El 7 de mayo, Javier publicó un artículo satírico, y mortal, sobre Dámaso López Serrano, el Mini Lic, hijo del Licenciado. Escribió que «es bueno para el cotorreo, no para los negocios. Solo bebe las mieles que siembra y cosecha —o cosechaba— su padre. El Mini Lic, narco de corridos por encargo y pistolero de utilería».

El 15 de mayo de 2017, ejecutaron a Javier en el centro de Culiacán, su ciudad, la capital de Sinaloa. Allá sí supieron quién fue y por qué lo mataron. Fueron los sicarios de un «pistolero de utilería» enfurecido por lo que el periodista publicó. Dos meses después de la ejecución de Javier, con el alegato de que los hijos del Chapo estaban por matarlo, el Mini Lic se entregó en Estados Unidos. Era el narco de mayor jerarquía que se entregaba a las autoridades estadounidenses. Seguramente por hacer bien el trabajo de delación, el Mini Lic obtuvo la libertad condicionada en septiembre de 2022, y seguramente desde un lugar confortable de Texas, California o Arizona, encargó y financió corridos, hasta que, como a tantos sinaloenses, la suerte se le volteó en el segundo semestre de 2024, cuando los estadounidenses entraron al territorio mexicano para capturar a las dos cabezas más visibles, y enfrentadas, del «cártel de drogas más poderoso del mundo»: el *Mayo* Zambada y Joaquín Guzmán López, otro de los hijos del Chapo. El Mini Lic fue detenido en diciembre por cargos relacionados con el fentanilo y otras drogas. La Fiscalía General de la República, la fiscalía que llevaba mi caso, informó que había pedido la extradición, que lo quería tener en México «porque es el autor intelectual del asesinato del periodista Javier Valdez».

Por lo que haya sido, y en donde estés, salud, Javier.

El Güero

Nuestra musicalidad destemplada no aliviaba preocupaciones, no animaba ni reconfortaba. Era pesarosa. Y para algunos periodistas fue un metal apretando. La organización Artículo 19 contabilizó 47 asesinatos de periodistas y más de un centenar de agresiones durante los seis años de gobierno de él. Pero no era una musicalidad exenta de romanticismo.

A mediados de julio de 2024, la tarde de un miércoles muy caluroso, después de difundir la nota sobre un crimen, Federico el *Güero* Hans fue atacado a balazos —más de cuarenta balazos— cuando estaba por subir a su auto compacto estacionado afuera de su casa en la violenta ciudad de Caborca, en el violento estado de Sonora. Herido lo trasladaron a un hospital pequeño y luego a uno más grande en otra ciudad. El fiscal de Sonora aseguró que era «un asunto de la mayor relevancia» y que la prioridad en esas horas era «salvaguardar su integridad física y permitir que se recuperara de sus lesiones».

El Güero sobrevivió y será para siempre sobreviviente de un atentado, periodista sobreviviente de un atentado. Era el cronista fundamental de los hechos criminales en la acongojada Caborca de 70 000 habitantes. Un hombre de 54 años con una barba blanca estilo ZZ Top, estridente en lo público, de voz baja fuera de la nota. Al décimo día del ataque, salió del hospital. Lo busqué y entrevisté vía telefónica. Yo, desde la seguridad de nuestro estudio de radio. Él, desde quién sabe qué sitio riesgoso de Caborca.

—¿Cómo está el ánimo, Federico?

—Gracias a Dios estoy vivo y lo estoy contando. No es fácil, está golpeado uno, pero está vivo, ahí vamos.

—Al salir del hospital traías un cabestrillo.

—Sí. Me volaron el omóplato derecho. Sufrí heridas en una pierna, pero es despacito esta recuperación, es lenta, muy lenta. Estamos fuera de peligro, gracias a Dios. Fuera de peligro por el momento.

—¿Te quedas en Caborca?

—Ahorita sí, por lo pronto, porque moverse es mucho riesgo. Estamos ahorita aquí en casa, aquí en Caborca. Tenemos que estarlo porque es lo que hay. No podemos movernos mucho. En la situación física en que me dejaron es muy doloroso. Ayer salí a recuperar el carro para ver cómo había quedado y haz de cuenta que le pasó un tráiler.

—¿Seguirás trabajando en Caborca?

—Es lo que pretendo, seguir trabajando. Es lo que hay que hacer, despacio, ya con otra perspectiva. Estoy vivo y hay que trabajar. Algún propósito tiene Dios para mí que me dejó aquí.

—¿Quién te quiso matar, por qué? —le pregunté mirándome en el espejo.

—Son del pueblo, son de aquí. Caborca es muy grande y por aquí andan sin ningún temor. Por eso todos me preguntan: «¿Por qué regresaste? ¿Por qué volviste?». Porque es mi pueblo, aquí nací. No la juego al valiente, no la juego al vivo, pero ¿pues para dónde agarro? —me respondió con el fraseo de un corrido bélico, o de un rap.

—¿Estás bien protegido?

—Sí, ahora tengo mucha protección, tengo el mecanismo de protección para periodistas. Y a la policía estatal y municipal. Pero no es suficiente. Ya había tenido amenazas, ya me habían querido levantar y entonces me quitaron la protección, de repente, pácatelas, salí de mi casa un día y ya no había nadie. Hoy por lo pronto, aquí están.

—¿Quién te quiso matar, Federico?

—Te mentiría si te dijera que es un grupo delictivo. La verdad, yo no le hago mal a nadie. Mi nota es la roja. Yo me dedico a reportar la sangre, las balaceras, los enfrentamientos. Puedo decir que he entregado unos 3 000 muertos, descuartizados, ejecutados, de todo. Tanto a los de un grupo delictivo como a los de otro. Te puedo jurar por mi familia que nunca me he metido en problemas. Yo no tengo a nadie que me diga que le hice una gachada, que les agarré a un muerto.

—¿Ni uno?

—Ni uno, pero no creas que no siento. Antes no podía dormir. Hasta que hablé con el padre Aurelio y le dije que ya no podía dormir por tanto muerto. «Déjalos, mi hijito», me dijo. «Rézales, no les eches agua bendita, entrégalos a Dios». Así lo hice y cambió toda mi vida, descansé más. Muchas familias agradecidas me hablaban porque, por mí, sabían de sus muertos. Y muchas para decirme: «Oye, Güero, aquí está un muerto».

—Un fuerte abrazo, Güero. Suerte. Me cala tu frase de que te quedas en Caborca porque no tienes para dónde ir, para dónde jalar.

—Es lo que hay, ¿para dónde jalo? Gracias por tu cobertura, que Dios te bendiga.

Las notas vitales del *Güero* Hans. ¿Cómo hará para seguir viviendo ahí después del ataque? Lamenté que, por un pésimo entendimiento del respeto a la intimidad, me callara y no le supiera expresar con firmeza que no habrá un testimonio más fuerte, armónico y elegante del que nos acababa de entregar en la radio, ni periodista más valiente y completo que ese en que se había convertido sin hacer todavía una crónica pormenorizada de su atentado, sin haber concluido el relato de los muertos que entregaba y no lo dejaban dormir. Decía Pedro Páramo que «los pensamientos de los sueños van derechito al Cielo». Creo que para allá irán los de Federico, Federico Hans, el *Güero* Hans.

EL QUE PERDONA, PIERDE

En el acelera-frena de los días finales del primer trimestre de 2024, los fiscales nos informaron que el Bart (Héctor Eduardo Martínez Jiménez), *Pool* Pedro (Pedro Gómez Jaramillo), el Yeyé (Israel Jiménez Ávila) y el Dedotes (Juan Antonio Cisneros Morales) pedirían que les concediéramos el procedimiento abreviado. Los villanos se doblaban. Reconocerían ser culpables de tentativa de homicidio a cambio de que se les impusiera la penalidad mínima, que los fiscales calcularon de botepronto entre 11 y 14 años. No tenía sentido conjeturar si era una treta orquestada por el abogado David Hernández, o si un poderoso se los había ordenado; o si lo hacían porque, asfixiados, terminaban por rendirse ante las aplastantes evidencias en su contra. Para la fiscalía, sería una medalla de oro con corona de olivo: cuatro valiosos acusados declarados culpables en un tiempo récord. Para mis abogados no pasaría de ser un pasaje insustancial si, antes, los cuatro no testificaban con solvencia quién los había contratado para matarme, porque tenerlos encerrados 14 años sin abrir la boca nos dejaría en la ignorancia. Para mí, en lo que iba entendiendo, parecía un primer triunfo de la sensatez. Para el relato, los sicarios se transformarían en unos don nadie en la trama: ¿qué caso tendría seguir esculcando en sus biografías si reconocían ser los pobres diablos que se alquilaron para jalar el gatillo? Aceptar el procedimiento abreviado podría significar, también, apagar al Bart y terríficos colegas.

En esa coyuntura en que evaluábamos concederles el beneficio, Saskia, mi referida amiga activista, me entregó una joya. El 19 de marzo de 2024, el Bart autorizó por segunda vez que ella lo grabara en la cárcel. Y ella lo hizo revolotear. El Bart tenía voz propia, tenía individualidad. La forma en que acoplaba las frases e ideas desbordaba la vulgaridad de las palabras intercambiables de los criminales cuando hablan para no decir. El hombre que me disparó afirmaba ser una persona noble, humilde, de bajo perfil que mataba gente para ganar dinero, y que vería bien la sentencia que su defensor David Hernández calculaba en 13 años. «Ojalá me den esos 13 años», le dijo a Saskia para luego ponerse a urdir una contradicción, que incluso en esas confusiones nos parecía improbablemente absurda: quería salir de la cárcel, pero estaba seguro de que al salir lo matarían. «Ya estamos muertos saliendo, de eso sí estoy seguro, aquí adentro no me van a hacer la chamba, me la van a hacer afuera, aquí ya me la hubieran hecho rápido, ya me hubieran tendido la cama, al primer mes». ¿Le harían la chamba dentro de 14 años? Eso decía en el primer trimestre de 2024.

—¿Te arrepientes de no haber matado al periodista? —lo centró Saskia.

—No me arrepiento. Mi plan era eliminarlo, esconderme hasta que las cosas se enfriaran. Matarlo, lo mato, me voy a donde me tenga que ir, me enfrío un rato, se enfrían las cosas, coronado y ya. Tendría dinero y *tan, tan*, lo que sigue.

—¿Le pedirías perdón a Ciro?

—No, no. No me gusta arreglar las cosas con un «perdóname», menos las de este tipo. Yo lo veía como a un paciente más.

—¿No te arrepientes para nada?

—De no matarlo, no me arrepiento. Sí me arrepiento de haber trabajado con esas personas, con ese pinche equipo pedorro.

«Pinche equipo pedorro». Se refería a *Pool* Pedro, el Yeyé, el Dedotes y supongo que el Patrón. Según el Bart, rompieron «el código» y lo tenían abandonado.

—¿Te dejaron solo?

—De perro, sin un centavo, aislado. Además, yo sé quién se está ponchando, quién es el más guaguarón. Es el Yeyé, el Gordo. Con él empecé, es al que más conozco, es el que se está desinflando, el que está hablando. Por eso yo estaba tan enojado en la audiencia del 7 de febrero [de 2024]. Me dijeron ellos: «No cambies de color». Lo mismo les digo, ojetes.

Mejor díganme que no quieren apoyarme y ya. Yo tuve al Ciro enfrente en la audiencia —me hilvanó en la narración—. Estaba pálido y me volteaba a ver como que así. Yo lo estaba retando, pero la verdad, estaba de picudo, nada más. No creo que lo vayan a intentar matar otra vez. Yo siento que le va a dar un paro cardiaco, ya se ve bien grande ese señor; antes no le dio un infarto cuando le disparé. Yo le vi la cara al Ciro cuando le disparé. Me puse mis lentes, porque estoy bien ciego, y él ni se movió cuando saqué la pistola. Pero en la audiencia, la verdad con los que estaba bien emputado era con esos güeyes, con el Yeyé y ellos. Está bien culero estar aquí sin apoyo.

Saskia le hizo la pregunta que me embarullaba en los días posteriores al ataque: ¿por qué fallaron, por qué no me reventaron? El Bart se soltó y le confirmó lo que dijo en las conversaciones interceptadas de diciembre de 2022, pero que días después alteraría y ya no contaría ante el ministerio público: le confirmó que él mató al motociclista.

—La falla fue del güey al que maté, al que maté a cuchilladas —retrotrajo al David, el Davies—. Él fue el que tuvo el error de este pedo: no avisó que estaba blindada la camioneta. Yo pedí un calibre diferente y me trajo otra, una chingadera que parecía 22. Yo pedí una 40 milímetros de treinta tiros. Esa la rafagueas y a huevo que hubiera roto el blindaje, que era nivel cuatro; a huevo lo hubiera roto. Pero me trae bala expansiva 9 milímetros, cargador de nueve tiros, una porquería. En esos casos pones una bala normal antes de las expansivas para que se rompa, abra punta y *pa, pa, pa, pa*. Cuando en el séptimo tiro rebotaba la bala, dije: «Ya valió». Antes no me rebotó la bala en la jeta. Las expansivas las rebota el blindaje.

Así de claro en ese marzo de 2024. ¿O seguían siendo puras pinches loqueras? En la grabación describía otros crímenes. Ejecutar era una tarea cumplida, una palomita en el cuaderno. No daba la impresión de estar sobreactuando el papel de asesino brutal.

—Pinche Bart, se me hace que a ti te pone matar —traveseó Saskia.

—La verdad, sí me pone matar, yo creo que es la adrenalina.

—La adrenalina, ¡no mames, Bart! ¿A cuántos te has echado?

—A unos veinte, como a unos veinte. De que sí estoy idiota de la cabeza, de eso sí estoy seguro. A otra persona, antes del Ciro, le aventé cuatro tiros en la cara; el último le estalló la mandíbula y, cómo decirte, no siento ni bien ni mal, ni *fu* ni *fa*, aunque luego sí me digo: «Ay, güey, a ese cuate se le cayó la mandíbula acá». Ese cuate me volteó a ver. Por ejemplo, eso sí me queda en la cabeza. Pero luego le digo: «Ya, güey, ya te maté, por algo te mataron, por algo estás en el cielo o en el infierno, ya no me molestes». Solo me molesta uno, no sé si sea mi mamá, ya difunta. Pero me mueve cosas en la estancia. En donde esté me hace travesuras. México mágico.

La absorbente velocidad con que hilaba las narraciones e interpretaciones podría impulsar a un terapeuta a concluir que al Bart nunca se le agotaría la fuerza por la boca. Escuché la grabación tres veces y supuse que su protagonismo y la necesidad de contar lo rebasaban. Entonces revoloteaba. En uno de esos trances aventuró su versión de quién pudo haber sido, quién habría ordenado matarme y por qué.

—No fue político, no mamen. El problema con los periodistas es que luego se meten con quien no deben. Ese es el tema con los periodistas, por querer sacar su nota, luego hablan de más, no se ponen a pensar que esas personas tienen un paro más arriba que ellos.

—¿Quién fue?

—Ya se sabe quién lo mandó matar, fue al que agarraron en California, aunque es de Michoacán. Luego están metiendo a otro personaje más fuerte, al líder del Cártel Jalisco después del Mencho, al Doble R —se refiere a Ricardo Ruiz Velasco—. Yo siento que el Patrón estaba extorsionando a nombre del Cártel Jalisco y el Ciro iba a sacar algo y el Patrón supo y no le convenía que saliera eso. Yo siento que por eso fue. Si no, ¿por qué el Patrón dice que teme por su vida, si te está amparando un cártel? A ese güey, al Patrón, lo van a matar. Pero, no sé, si hubieran querido matar al Ciro, hubieran mandado a otro.

De haberme querido matar, ¿hubieran mandado a otro y no a él? ¿A otro equipo y no al de ellos? ¿A otro Patrón y no al que teníamos en California? Mis sensaciones subían y bajaban al transcribir la entrevista. Peleaba con el sentimiento de que el Bart terminara pareciéndome un personaje fascinante. Si no embromó a Saskia para sacarle unos pesos, si no inventó palabra por palabra, o cometió el error de confesar lo que debía llevarse a la tumba, su testimonio sería más que delirio y disparate. Podría acarrear el diseño de una intriga que engañaría hasta al sicario para quien matar no era ni *fu* ni *fa*, el que decía que si salía de la cárcel le tenderían la cama y le harían la chamba afuera. El que se arrepentía de no haberme matado, porque de haberme matado, yo no hubiera hecho el ruido por el que decía estar preso, y por eso estaría al menos 13 años en la cárcel, porque si yo estuviera muerto, no habría hecho ruido y la policía no habría movido las cosas, porque en México matan a periodistas sin que pase nada, a menos de que el periodista sobreviva y se ponga a preguntar «¿quién fue?». Pero no fui yo, fue él, él se chingó a sí mismo. Dice que lo atraparon porque no me pudo matar, porque a diferencia de la persona que mató antes, a mí no fue capaz de volarme la mandíbula. En ese juego, entonces, en tu juego, tu pinche juego, el que no mata, perdona, y el que perdona, Bart, pierde.

* * *

—¿Cómo te sientes, Bart? —pregunta Saskia.

—Pues aquí. Todos se burlan, que por qué fallé, que si no sabía de la blindada. Pero no fui a robar tortillas. Ya los hubiera querido ver. No saben lo que es el momento. Ya los hubiera querido ver en la motocicleta, disparando en la motocicleta. Para mí era como mi examen para pasar a algo importante, te preparas y lo repruebas. Así me pasó.

CIUDAD GUZMÁN,
MATEN AL PERIODISTA

Según sabíamos, el lunes de Pascua, lunes 1 de abril de 2024, los cuatro acusados de tentativa de homicidio reconocerían y formalizarían su culpabilidad ante la fiscalía para solicitar el procedimiento, el juicio abreviado. El martes, por separado, un juez podría concederle a la fiscalía la orden para encarcelar al Patrón por tentativa de homicidio, y no solo por asociación delictuosa. Si eso último sucedía, el Gobierno mexicano estaría en condiciones de pedirle al de Estados Unidos la extradición por ambas causas.

De no cumplirse las dos premisas, uno de mis abogados y, quizá, el fiscal especial irían a San Diego para tratar de hablar con el Patrón. Lo invitarían a retornar a México, acusándolo únicamente por el delito menos grave —la asociación delictuosa—, de tal manera que, a través del juicio abreviado, pudiera salir pronto de la cárcel, donde se tomarían medidas de seguridad extremas para que no lo asesinaran. El Patrón debería entregarnos a cambio información irrefutable sobre quién lo contrató para matarme y por qué. No le aceptaríamos vaguedades ni la salida barata de aventar a la mesa un nombre famoso: Jalisco, Sinaloa, Tepito, el Mencho, el Doble R. Que no nos tratara de tomar el pelo con eso. Era una oferta sencilla: queríamos huellas, indicios, vestigios, evidencias. Se le ofrecería entrar de pisa y corre a la cárcel, y luego, luego, que se hiciera cargo de su destino, se escondiera, huyera, se suicidara. Eso ya no sería problema nuestro. El regreso de la Semana Santa prometía sacudir monstruosamente nuestra historia.

No he hablado del equipo de abogados que, *pro bono*, me acompañó desde el principio como asesores de víctima. No he hablado de los tres Javieres. Don Javier Coello Trejo, el entrañable, legendario, exuberante, temible exfiscal de hierro, otrora zar del combate a los cárteles de la droga, exitoso en la investigación criminal y el litigio administrativo y penal. Javier Coello Zuarth, hijo de don Javier, riguroso director y operador de los asuntos complejos del famoso y por lo regular invencible bufete. Javier Esquinca, el talentoso y cuidadoso joven de 36 años asignado por el padre y el hijo para concentrarse en mi caso, mi compañero en las audiencias y las reuniones con los fiscales. Fabuloso equipo para atravesar en medio de nuestro envilecido estado de derecho y las células criminales, los *patrones*, los señores oscuros, los dragones. Un equipo que, además, sabía seguir la dirección, velocidad y alcance en los tribunales de los dardos envenenados que disparaba casi a diario el presidente de la república. Les dije a los tres, en el café que tomamos el Domingo de Resurrección en casa de don Javier, que veía demasiada ficción en el planteamiento: sicarios que se echaban la culpa, la autoridad que pondría solo por un tiempo en el calabozo al Patrón, un Patrón que aceptaría cantar para luego escabullirse como pudiera. Si los «buenos» lo pescaron en California, los «malos» lo encontrarían en donde fuera, les dije. No veía qué ganaba en esa ecuación. Don Javier me contuvo con una de sus síntesis clásicas: «Mi amigo, es lo que le queda a ese señor, de otra forma es hombre muerto».

Nos faltó imaginación a los cuatro, nos quedamos cortos en la intriga que se forjaba. El editor peruano, cronista, académico y más, Julio Villanueva Chang, acentúa en entrevistas y conferencias que hay reportajes, historias que exigen aprender a esperar. Esperar para no producir uno de esos escritos que se publican inmediatamente después de una final de futbol y acaban siendo una organización de interjecciones, metáforas elementales, redundancias: textos eufóricos asfixiados por la estridencia. «Esperar», dice Villanueva Chang, «a que alguien decida hablar. Esperar a que suceda lo improbable. Estar atento al azar».

Pool Pedro y el Yeyé el lunes 1 de abril, el Dedotes el martes 2 y el Bart el miércoles 3 contaron mucho más de lo que calculábamos. Al declarar, interpretaron un rítmico concierto a cuatro voces. Perfilaron lo inesperado, recrearon, puntualizaron, profundizaron los hechos. Diría que se acusaron con descaro, señalaron y culparon al Patrón de prepararlos y darles instrucciones y recursos para matarme, y hasta testimoniaron lo que alcanzaron a escuchar sobre las motivaciones, el porqué del atentado. ¿Era el azar produciendo lo improbable o nos estaban tomando el pelo? Había más: se ofrecían como testigos colaboradores. Eso implicaba firmar un compromiso para aportar información esencial y eficaz para perseguir un delito más grave del que se les imputaba. Ir al piso de arriba de la maquinación.

Pool Pedro fue el primero en cantar, en contar, en abrir el cofre. Por lo que declaró, quizá no tuvo en su vida la oportunidad para hacer o dejar de hacer el mal, pero sí la tuvo para ser jefe desde joven. Permítaseme antes transcribir el retrato que hizo el agente del ministerio público sobre este hombre:

aproximadamente 30 años, tez morena clara, cejas grandes semipobladas, nariz mediana, boca mediana, labios medianos, orejas medianas, cabello corto con entradas peinado hacia el lado derecho, ojos medianos oscuros, sin barba ni bigote, con una cicatriz en la frente a la altura de la sien, tatuajes visibles en ambos brazos, en el brazo izquierdo el rostro del guasón combinado con unos edificios, el nombre de «Daniela», en el antebrazo una catrina, en la muñeca el nombre «Christopher» y arriba del dedo índice el nombre «Soledad» y un dibujo animado de Mimí, en el brazo derecho tiene una santa muerte, en la parte de abajo el nombre «Alfred», en la parte superior un hada, en la parte de arriba un pez chino, arriba del dedo índice el nombre «Tania» y arriba del pulgar un dibujo animado de Mickey; vestía una playera color *beige* y pants color *beige* y tenis blancos Nike.

Palabras más, los cuatro contaron una historia. Eran vendedores de drogas y armas, el Patrón entregaba la mercancía a *Pool* Pedro, quien hacía lo propio con sus dos cercanos, el Yeyé y el Dedotes. Más adelante sumaron al Bart. El Patrón era jefe de *Pool* Pedro y él de los otros tres. Funcionaron así un año. En noviembre de 2022, el Patrón, quien solo hablaba con *Pool* Pedro, ordenó enviar al Yeyé, el Dedotes y el Bart a un adiestramiento de tres semanas en un campamento del Cártel Jalisco en Ciudad Guzmán, Jalisco, para que perfeccionaran el uso y manejo de armas. Regresaron a la capital el guadalupano lunes 12 de diciembre; fueron a desayunar a la casa del Patrón en el norte del Valle de México. Ahí se enteraron por él que debían matarme. Esa noche merodearon por el canal de televisión. Confirmaron que era yo el que manejaba, que no tenía chofer ni escolta y, dicen, detectaron que la camioneta estaba blindada. Y dicen que lo informaron. Repitieron la tarea el martes, reconfirmaron la ruta y lo que habían visto el lunes: yo me movía en solitario en la misma camioneta blindada. El miércoles se prepararon, o descansaron o lo que haya sido. *Pool* Pedro aseguró que pidió un día extra por no sentirse listo todavía. Atacaron el jueves. Disparó el Bart. Los otros tres me frenaron con el Ibiza negro que conducía *Pool* Pedro. Algunos se fueron a esconder desde el viernes 16 de noviembre. Todos, menos el Bart, regresaron a la ciudad para encontrarse el 31 de diciembre con el Patrón en el Toks de la autopista, la reunión de la foto, la de la sumisa manada de lobos, de perros con su macho dominante. El Patrón, que aún no les pagaba, les dijo que «le echaran ganas, que todo estaba saliendo bien».

El Bart aportó indicios de por qué me querrían matar. Contó que regresó a la casa del Patrón la tarde del lunes 12 y ahí *Pool* Pedro le dijo: «Hay un güey de Imagen [la televisora en que trabajaba] que se está pasando de verga, hay que encargarnos de él». Y dirigiéndose al Yeyé, prosiguió: «¿Cómo ves, gordo, te animas?». El Bart preguntó de qué se trataba. *Pool* Pedro le contestó: «De tirarle unos balazos al güey de Imagen». Y clavándole los ojos medianos oscuros, lo eligió: «No te puedes echar para atrás, Bart, ya recibiste un entrenamiento y eres bueno para tirar».

La declaración del Yeyé armonizaba con la de *Pool* Pedro. Describió que la tarde del 12 de diciembre, *Pool* Pedro le fio camino a la casa del Patrón que:

> había una oportunidad de probar lo que aprendimos en el curso en Ciudad Guzmán y quería ver si éramos muy chingones, nos dijo que íbamos a hacerle una chamba a un periodista y en el trayecto me enseñó de su celular la fotografía, era la foto del periodista y decía su

nombre, el cual era Ciro Gómez Leyva; me dijo que íbamos a darle su «estate quieto» y eso para mí era darlo de baja.

El Dedotes fue escuetamente rítmico: «Nos dieron instrucciones de bajar a una persona, es decir, de matarlo; Pool me enseñó la imagen del periodista en Google y me dijo que había que hacer el trabajo, que consistía en matar al periodista Ciro Gómez Leyva por instrucciones del señor Armando».

Pool Pedro declaró que el 10 de noviembre, el Patrón lo citó para anunciarle que «tenía un trabajo grande para mí y que necesitaba gente preparada, diciéndome que los tres debían ir a un curso de adiestramiento o entrenamiento, el cual duró aproximadamente veinte días, inició el 18 o el 20 de noviembre y regresaron el 13 de diciembre, aproximadamente». Agregó que, en el entrenamiento, sus compas disparaban y armaban y desarmaban armas de fuego, y que él les dio el dinero con el que compraron los boletos de camión.

Dinero que me dio el señor Armando. Aproximadamente el 27 de noviembre, el señor Armando me proporcionó copia de una INE que tenía la fotografía del periodista Ciro Gómez Leyva, pidiéndome que investigara a dicho periodista, toda vez que había un encargo, siendo el caso que el encargo era que teníamos que matarlo, desconociendo yo en ese caso quién era el periodista. Pero lo busqué en internet, encontrando diversa información.

El señor Armando insistió en que debía echarle ganas hasta encontrarlo.

El 13 de diciembre, según *Pool* Pedro, el 12 de diciembre, de acuerdo con los otros tres, el Patrón les advirtió que necesitaba el encargo ya. Concluye *Pool* Pedro:

> El 15 de diciembre, aproximadamente a las ocho de la noche, en el cuarto de servicio del señor Armando, cenamos el Yeyé, yo y el señor Armando. Nos comentó que matar al periodista era un encargo del señor Mencho, que yo sé es un narcotraficante de una organización de Jalisco, denominada Cártel Jalisco Nueva Generación, y que por ese encargo nos iba a pagar a todos la cantidad de 500 000 pesos, por lo que de ahí nos fuimos a hacer el encargo, consistente en privar de la vida al periodista.

Dos factores de las declaraciones de abril de 2024 alteraban el contenido cardinal de la historia que conocíamos: ellos sí sabían que la camioneta estaba blindada y, como he referido y pese a lo prolijo de sus relatos previos, el Bart expresaba ahora que el chofer de la motocicleta no era el David o el Davies, a quien narró acuchillar hasta la muerte por no informar del blindaje y proveerle un arma y balas equivocadas. Según esta nueva versión y definido el tirador, el Patrón le entregó al Bart «una cajita de color azul gastada que contenía

17 o 18 balas expansivas RIP». Eran balas que, dijeron, rom-
perían el blindaje. Tiraría con una Baby Glock de 9 milímetros. Pero al inagotable Bart se le ocurrió otra cosa. Contó que
el miércoles 14 —en que podrían haberme matado, pero por
las dudas de *Pool* Pedro acabó siendo un día de asueto—
fue al centro de la ciudad a liquidar una deuda quién sabe con
quién, pagó con la caja de balas expansivas y hasta le quedó
un remanente de 1 500 pesos, unos ochenta dólares. Si esto es
verdad, el indisciplinado Bart cambió por su cuenta las balas que el blindaje contrarrestaría. ¿Lo hizo por necesidad o
porque, como le dijo a Saskia, sabía que el blindaje rebotaría
las balas expansivas? ¿En dónde quedaba el Davies? ¿En
dónde quedaba la bárbara ejecución por la negligencia de
no enterarlos del blindaje de la camioneta?

Los cuatro testimonios de abril referían como motociclista
a un conocido de *Pool* Pedro: Erick Hazael, el Haza, quien
según ellos manejaba muy bien y hacía santería. *Pool* Pedro se
lo describió al Bart: «Tiene un tatuaje en el cuello y está cer-
do, gordo».

Temeroso de que sus compañeros descubrieran que no
traía las balas expansivas, el Bart optó por no ir a la casa del
Patrón el Día D. Llegaría por su cuenta a la plaza comercial
que está a 1 kilómetro de la televisora. Lo estaría esperando
el Haza. Declaró el Bart:

Llegué al metro Universidad [es impreciso, en realidad
era la estación Miguel Ángel de Quevedo] y vi que era

la única persona y caminé hasta donde me había indicado Hazael, con el que acababa de hablar. Vi que estaba ahí y lo vi chacalón y ya me acerqué y me dijo: «Qué pedo, carnal». Iba vestido con sudadera negra y pantalón de mezclilla y una mochila color negro y un casco en la mano. Nos presentamos, le dije que yo era el Bart y me enseñó la moto en que iba. Era una moto deportiva color negro con naranja, una KTM Duke 390. Me dijo: «Mira, carnal, en esta vamos a hacer la chamba». Estuvimos chachareando en unos puestos callejeros. Compramos unas papitas, estuvimos midiendo distancias. Durante el tiempo que estuve con el Haza, me llamó el Yeyé y me dijo: «Va a ser como a las 10:30 horas». Era refiriéndose a la chamba de matar al periodista. En esa misma llamada, el Yeyé me dijo: «Ponte verga porque es el Ciro Gómez Leyva». Después, a través de un mensaje en Threema [la *app* no ligada a un número telefónico, teóricamente la más segura], Pool me mandó la matrícula y el color de la camioneta del periodista. Dijo que era una Grand Cherokee color gris Oxford. De la matrícula, no me acuerdo.

EL BUEN SAMARITANO

Por exagerada o ficticia que siguiera pareciendo, y no obstante la crudeza de la narrativa criminal, los eventos avanzaban al punto de ir dejando en mis manos el destino de los hombres que se coordinaron para matarme, o al menos eso entendía. Por los errores que cometieron ellos, por ser sobreviviente y víctima yo, el guion técnico-legal me asignaba el papel de juez terminante. Es más, me convertía en un intrincado Dios vengativo que podía clavarles el cuchillo y destazarlos, o en un Dios compasivo que no les negaría el bien cuando pudiera hacerlo. Si la fiscalía les concedía, si la fiscalía aceptaba el procedimiento abreviado que pedían los cuatro, quizá en una década estarían fuera de la cárcel. Esa década era su apuesta y esperanza. De rechazarlo, el juicio seguiría un prolongado curso con una probabilidad alta de que se les impusieran penas que los rehundirían en prisión dos o tres décadas, literalmente una vida de diferencia. Ahí es donde entraba yo.

Para que el procedimiento abreviado prosperara, para que la fiscalía pudiera concederlo, la víctima, yo, no debería oponerme. Dejo a un lado las refinadas orientaciones jurídicas que me daban los fiscales y mis abogados. Subrayo que si —por lo que fuere, razón, corazón— yo decía que no, el Bart y el resto de la banda se pudrirían en la cárcel. Así de desvergonzadamente reales se tornaban las cosas: luego de dispararme y fallar, de caer en manos de la policía y ya presos darse cuenta de que la autoridad no se amedrentaría ni corrompería, sino que se esmeraría en desnutrirlos; luego de aceptar que estaban abandonados y no les alcanzarían las fuerzas para cavar túneles de escape, los cuatro bajaban la guardia y pedían benignidad. Y para eso requerían mi visto bueno, mi serenidad y acompañamiento. Necesitarían del buen samaritano.

Me acordé que en mi Kindle debería estar una frase destacada con amarillo que encontré rápido. Un párrafo de Michel Houellebecq en *Serotonina*: «Dios es un guionista mediocre. Y más en general, Dios es un mediocre, todo en su creación posee el sello de la aproximación y el fracaso, cuando no el de la maldad pura y simple».

Dios y el procedimiento abreviado.

SEGUNDO EPÍLOGO

La noche del jueves 16 de mayo del año electoral 2024, un minuto antes de que comenzara el noticiero de televisión, cuando ya estaba de pie frente a la cámara, Mauricio Canto, nuestro productor, me pidió por el chicharito que viera el mensaje que me había mandado al celular: acababa de morir nuestra compañera conductora de programas en el canal, mi amiga, la actriz, la hermosa Verónica Toussaint, 48 años. Tendría que dar la primicia de la tristísima noticia.

Verónica peleaba desde mediados de 2021 contra el cáncer de mama. Fue de esas mujeres que eligió contar, hacer públicos los estragos y avances de la batalla contra un cáncer triple negativo de tumores agresivos. Ganó un par de rondas en las quimioterapias que la dejaban flirtear con un futuro, pero no hacía proyecciones vanas, no practicaba la autocomplacencia. Un año antes de que muriera, nos encontramos para darnos un abrazo de sobrevivientes y jugamos a hacer memoria de la presencia de augurios, cada uno desde su experiencia traumática. ¿Tuvo ella, tuve yo, presagios, campanilleos sobre la vida que íbamos a dejar atrás? ¿Tuvimos experiencias cercanas a la muerte? Ella era antisolemne de nacimiento y su humor seguía siendo jugoso cuando me preguntaba si experimenté un mal agüero, un fenómeno raro o dramático antes de los disparos —luces, olores—, o si atravesé el pasadizo de una cueva o vi alear a un ángel en la sala, o si tarareaba el estribillo de una canción que no paraba de dar vueltas, o si pasé por la trillada escena de vislumbrar a un ser amado que me acogía con un «bienvenido». O si recordaba explosiones inusuales de energía, o de paz. Ella contó los suyos sin descaminarse, con brillantez y la gracia de la comediante virtuosa que era. Yo, salvo por un invasivo decaimiento en los días precedentes, que seguía sin ubicar por dónde entró, no recordaba luces, túneles, seres que deambularan, o algo en mi cerebro, cuerpo o alma que anticipara mi muerte. Un pasajero desaliento fuera de lugar, solo eso.

Creo que Verónica aprehendió a la primera lo que quería decirle con mi frase de que aquella noche del atentado tuve mucha suerte. Aunque siempre me pareció ajena al paroxismo, ella también asumía estar moldeando su epílogo. Me dijo a sus entonces 47 que se había gastado bien la vida y lo que viniera sería ganancia.

Ya no tuve tiempo de contarle lo que supe un año después de nuestra plática sobre hadas y ángeles: contarle a Verónica que estaba más convencido de que el azar lo era casi todo y que me iban a matar en miércoles y no en jueves, y que si uno de los sicarios, *Pool* Pedro, no hubiera pedido un día extra para prepararse, la ejecución se habría consumado en miércoles, y que ese miércoles 14 de diciembre de 2022, como lo hacía la mayoría de los miércoles, fui al departamento de mi pareja después del noticiero a comer a las prisas un tartar de atún con aguacate, tomar un tequila reposado y charlar hasta la medianoche, no más, porque en horas comenzaría el programa matutino de radio y había que ir a dormir. De haberme atacado el miércoles, y eso creo que prueba que no me estudiaron, que no hicieron en regla la tarea de inteligencia, habría sido un blanco menos problemático. El miércoles era el momento apropiado. Los miércoles me desviaba cuatro cuadras de mi ruta, estacionaba la camioneta en la calle vacía y caminaba veinte pasos al zaguán del condominio. ¡Ahí era! Salía en una hora y me subía a la camioneta. ¡Ahí! Sería pan comido inclusive para el Bart y sus balas viejas. Pero me atacaron en jueves, día en que como todos los lunes, martes y viernes iba del canal de televisión a mi departamento, el vigilante abría rápido la puerta eléctrica del edificio y yo entraba al garaje prácticamente sin detener la Grand Cherokee gris. Los jueves, como dictaba el general Perón, iba de casa al trabajo y del trabajo a casa.

De haberme estudiado, sabrían que podían atacarme cualquier madrugada de la semana. De lunes a viernes, salía del edificio alrededor de las 6:30 horas, al volante, todavía a oscuras en el horario de verano o de invierno, en un recorrido idéntico de diez minutos que me convertía en el objetivo más previsible e indefenso del mundo, porque, además, en las madrugadas no usaba la Grand Cherokee blindada, manejaba mi Infiniti QX60 azul modelo 2022, sin blindaje. Los tiros a la cabeza habrían perforado mi cráneo que, fragmentado, habría caído en el carril de baja velocidad, o en la acera de los carrereados transeúntes tempraneros. Desconozco si conocieron esas rutinas; sé que no las aprovecharon. Un mando de la policía me explicó que no era tan ilógico, pues «esos cuates ven la tele y no oyen los noticieros de radio de ninguna hora», por lo que seguramente el Bart y compañía no tenían idea de que, por las mañanas, de lunes a viernes, manejaba 3 kilómetros sin blindaje, sin escoltas ni artificios rumbo a la estación para conducir durante tres horas el que, según las mediciones, era el programa de noticias con mayor audiencia en la radio de nuestro país de 135 000 000 de mexicanos.

Si efectivamente los sicarios no tenían pálida idea de eso y por ello optaron por la nocturnidad de la medianoche, me salvó su ignorancia que, en lo hondo, era la tiranía de la contingencia con la que Philip Roth trataba de despejar la incógnita de por qué unos niños que jugaban revueltos contrajeron la polio y otros no. La contingencia, la suerte, el azar, una fortuita casualidad.

Ya no le conté a Verónica otras casualidades. Por ejemplo, que el mismo día en que, por el recurso del juicio abreviado, salió sentenciada de la cárcel la primera mujer acusada de asociarse con los sicarios para matarme, Ernesto, mi referido jefe en la televisora, me entregó las llaves de la Jeep

Grand Cherokee que me salvó de morir. Me la regalaban. Era un regalo que me hacía Olegario, mi también referido jefe, dueño del canal y dueño, presidente y estratega de la cadena de hospitales más grande del país y de América Latina, a quien el presidente abominaba en público y acusaba de no tener el valor de meterme en cintura editorial. La camioneta estuvo guardada y estacionada 15 meses entre peritajes, burocracias, composturas y la instalación de un nuevo blindaje en las partes dañadas y, casualidad, esa noche del día en que dejó la prisión Lesliye Soledad, la mujer embarazada del drama extremo, tomé el volante de la Grand Cherokee y, con mi escolta detrás, manejé de la estación de televisión a mi casa pasadas las 23:00 horas, como lo hice el 15 de diciembre de 2022. Sin bajarme de la camioneta afinada, pulida, encerada y con el tanque de gasolina lleno, me detuve en el sitio exacto en que me disparó el Bart y no experimenté grandes emociones ni hallé algo nuevo que ver. El ritual de sanación, curiosidad, no sé, duró menos de un minuto. Así es que, en una misma jornada, la camioneta impecable y libre de fantasmas era mía y, tras de la decisión rápida y justa del juez, comenzaba a liberarme de la carga de sentir que en la cárcel se fundían mujeres que, a las claras, no eran la parte sustanciosa del ataque ni la maquinación.

Por esos días se publicó *Pensión Lobo*, el libro que Ramón Lobo escribió desde un aneurisma y dos cánceres y acabaría siendo la última de sus exquisitas crónicas. Murió en el verano de 2023. Él y yo éramos de la misma edad y, como Ramón, soy racionalista, no creo en Dios ni en entes metafísicos superiores, ni en ángeles y arcángeles, ni en la trascendencia y el más allá, el juicio universal o la reencarnación, tampoco en los difuntos que hablan. Pero mi razonamiento agnóstico no riñe con la fe: creo en general en los valores cristianos, en un bien y un mal, en acciones para hacer el bien y el mal, y en la voluntad para acercar nuestros actos a lo uno o lo otro. Y creo también en la fortuna. Así es que, en lo que venga, trataré de aprovechar más las rachas de suerte y bien gastar lo que me reste de vida, de vida-vida, Verónica. Comprenderás que buscaré hacerlo sin congregar fenómenos ni poderes sobrenaturales. Y sin tratar de chingarme a nadie.

TERCERA PARTE

NO NOS PUDIERON MATAR

EL GRANDÍSIMO PRIVILEGIO
DE CAMINAR

Es imposible ser feliz en el lugar más bello del mundo.

RAIMONDO, hermano de PARTHENOPE en
la película *Parthenope*, de PAOLO SORRENTINO,
estrenada en Madrid en diciembre de 2024

*La inteligencia de la oración residía
en la frase subordinada. Frases principales,
que por sí mismas no valían un céntimo,
adquirían una fuerza asombrosa
en las subordinadas.*

Del taller de escritura de JUAN JOSÉ MILLÁS

No soy de los que se hacen la ilusión de vivir en lugares
que no existen, los conozca o no. En julio de 2024 le pedí a
Pablo Vázquez, el nuevo jefe de la policía de la Ciudad de
México, que exploráramos la forma de reducir mi dispositivo de seguridad. Me dijo que no perdiera la calma y esperara

al cambio de gobierno en octubre para hacer una evaluación del riesgo. Seguiría rodeado de escoltas, sin un minuto de privacidad fuera de mi casa. Tratar de trampear a mi equipo equivalía a traicionar la confianza que nos cohesionó desde el día 1, era impensable. Seguiría bajo la mirada de hombres armados que me abrirían la puerta de una camioneta blindada y auxiliarían al bajar, me indicarían la ruta, marcarían el paso, a veces redoblado.

Transcurridos unos días del atentado, a mediados de enero de 2023, se estabilizó el número y sistema del equipo que me cuidaría ante lo que pudiera venir. La empresa de televisión me entregó generosamente —no era su obligación— una camioneta blindada 0 kilómetros y contrató a dos formidables escoltas para que la manejaran y, a su vez, coordinaran a los policías asignados por el Gobierno de la Ciudad de México. El equipo funcionaría en un esquema de 24 horas de trabajo por 24 de descanso. A las 6:00 horas, abordaba la camioneta en el estacionamiento del edificio, un guardia estaba de pie para abrirme la puerta y partíamos a los nuevos estudios de transmisión de la radio, unos veinte minutos de ruta, jamás llegaron a mi casa ni a ninguna parte con retraso. Manejaba el escolta de la empresa y nos seguía un auto con tres excepcionales guardias de la PBI (un cuerpo especial de la policía de la ciudad) que, por protocolo, debían transportar, además de sus pistolas, dos armas largas por si enfrentábamos un ataque desproporcionado. Eran cuatro personas por día que, en el esquema de 24 por 24, deben multiplicarse por dos: mi cuerpo de seguridad personal sumaba ocho especialistas, a quienes debían agregarse dos policías de élite, «Ciclones» los nombraban, que al pie de una camioneta Ram balizada con las insignias y logos oficiales de la ciudad custodiaban día y noche con sus fusiles Galil la entrada a mi edificio en turnos de 24 por 72 de descanso; la multiplicación de Ciclones debe ser por tres, sumaban seis. Así es que el gran total arrojaba dos guardias privados y 12 policías con cargo al erario, una barbaridad que me afligía. Pagar impuestos pasó a ser una contribución convencida por el servicio de seguridad que me otorgaba el Gobierno; el retorno que recibía era estupendo. Y eso ocurrió durante el gobierno de él, no puedo dejar de decirlo.

Una vez en año y medio me animé a ir al cine, para ver *Napoleón* de Ridley Scott. Ya no fui a un pequeño bar a escuchar música, menos a bailar. Salir de la ciudad y viajar por el país implicaba un fatigoso ejercicio de organización y presupuesto, además de que para mí era inconcebible tenderme en una playa del Pacífico con guardaespaldas a 5 metros. Me perdí de eventos prometedores, conferencias: me daba pena arribar custodiado a presentaciones de libros, foros, fiestas, encuentros con amigos. Cancelé invitaciones a conciertos, adiós a *Las variaciones sobre un tema rococó* en la Sala Nezahualcóyotl, a la ilusión de escuchar *Mad Rush* con Philip Glass en Bellas Artes. Ir al estadio de futbol a 3 kilómetros de mi casa, o al abierto de tenis en Acapulco, era un despropósito, cuánta aparatosidad, ¿y cuántos boletos debería conseguir?

El presidente rebosaba que periodistas como yo perdimos nuestros privilegios durante su gobierno. En mi caso, si a un privilegio se refería, tenía razón, y lo he dicho: perdí el grandísimo privilegio de caminar. Puedo ser un comunicador incompleto, pero soy un caminante en serio. Cada día juego una competencia con mi reloj que marca los pasos andados, un día con menos de 15 000 pasos es una derrota que reparar en las siguientes 24 horas. Es una competencia deportiva, y la deportiva, con sus puntuaciones claras, es la única competencia que me hace feliz. Escribió Murakami en el libro en que se describió como un corredor épico que, una vez que ajustas tu ritmo, lo demás viene por sí solo. Yo tenía ajustado el mío años atrás y lo defendería con lo que tuviera. Como Murakami en *De qué hablo cuando hablo de correr*, lo importante para mí ahora sería competir contra el tiempo, y era posible que, en adelante, para mí tuviera mucho más sentido saber con cuánta satisfacción caminaría esos 15 000 pasos diarios —o más— y hasta qué punto los disfrutaría. Tenía que encontrar el espacio.

Después del ataque de diciembre de 2022, arrancaba el quinto de los seis años de su mandato, perdí el privilegio de moverme solo por las calles, subir cuando se me pegara la gana al transporte público para irme a comprar unos tenis a la Plaza Manacar, mostrarme, esconderme, diluirme, hacer lo que quisiera sin avisar. Perdí la riqueza de pisar, sentir, aspirar y vagar por mi ciudad y por mi país, gran privilegio perdido, vaya si no.

En los días finales de la primavera de 2024, hablé con los jefes de mis dos trabajos para confirmarles que, en octubre, una vez que él dejara la presidencia, me marcharía varios meses a Madrid. Renunciaría a mis empleos en la radio y la televisión que tanto me daban en lo profesional, público, anímico, económico. Un porqué medular para lanzarme a la incertidumbre era escapar de mi eficiente, educado, amable círculo de seguridad y la forma más pronta que se me ocurría de comenzar a hacerlo era yéndome del país por temporadas. Iría y vendría, no planteaba convertirme en un exiliado con una patria a la que no pudiera regresar. Iría y vendría. Eso pensaba: que no podía vivir encerrado. Había llegado la hora de resetearme. Tenía que sanarme, reencontrarme, darme de alta y encontrar un equilibrio entre el riesgo y la libertad, recuperar una vida sin guardaespaldas ni melancolías, aunque amistades entrañables me decían que eso podría ser un acto suicida. Empezaría en Madrid, ciudad hermosa y blanca, e intentaría combinarlo con la de México, ya persuadiría a la autoridad de mi país que me permitiera vivir sin protección.

Era un ejercicio de cálculo, no podía encargarle esa decisión al azar. Debía prepararme para no decaer en el agobio de los fugitivos. Quería vivir en paz, sin depender de vigilantes. Quería reducirme materialmente, diluirme. Si no cancelaba a la escolta, mi problema de falta de independencia y privacidad no terminaría nunca. Mi vida debía reencauzarse con impulso, gozo, y para ello necesitaría autonomía e intimidad. Necesitaría caminar kilómetros.

Ahora bien, si lo que contaban los sicarios —y creo que tenía sentido para la fiscalía— era cierto, si la versión de que el Cártel Jalisco me quiso matar era válida, si ellos fueron y la intención perdurara, ¿no les sería más sencillo ejecutarme en Madrid, donde nadie me escudaría? Bastaría que habilitaran a un mexicano, venezolano, ecuatoriano que me disparara a la nuca y corriera rápido. A uno tendrían en Madrid, en España, a uno que no supiera fallar.

Si lo veía de esa manera, la estancia en Madrid sería cuasisuicida. Pero a los 67 años que cumpliría en octubre de 2024 al instalarme a 220 pasos del Quintín, no me dejaría arrastrar por el temor a un segundo ataque ni sucumbiría al montón de paranoias, y que pensaran lo que quisieran, y ocurriera lo que tuviera que ocurrir.

AMENAZAS, EXTORSIONES Y FAVORES

En esa primavera de 2024 en que los sicarios se acusaban a sí mismos, cruzamos por noventa días de campañas electorales. Los adversarios compartían el diagnóstico de que serían los comicios más grandes y trascendentes de nuestra historia. Elegiríamos por primera vez a una mujer como presidenta de la república, pues eran dos mujeres quienes lideraban las encuestas. He referido que Claudia, candidata del oficialismo y de él, fue la primera en llamarme después del atentado para serenarme y, como jefa de Gobierno de la Ciudad de México, ofrecer una protección que cumplió. Lo que no había contado es que, minutos antes de que concluyera nuestro programa matutino de radio de la mañana siguiente —digamos que unas diez horas después de los disparos—, una mujer entró discretamente al estudio con una botella de Matarromera. Esperó a que yo despidiera la emisión, se acercó, me dio el vino y dijo con una lágrima: «No podía dejar de venir a abrazarte». Era Xóchitl Gálvez, luego candidata de la alianza opositora. Una de las dos presidiría el Gobierno del país. Mi gratitud y afecto estaban partidos entre las dos, y soy de los que deciden, en primer término, por afecto y gratitud. Como elector, tenía ganada la elección presidencial.

Elegiríamos también senadores, diputados, al gobernador de nuestra ciudad-capital y miles de cargos más. Si sufragaba el 65% de los ciudadanos empadronados, unos 65 000 000 de mexicanos habrían confirmado o modificado el rumbo del país. Sonaba a democracia distinguida, pero —y no tendría por qué ser de otra forma—, las campañas fueron brutales. 39 candidatos, precandidatos y aspirantes cayeron asesinados y unos 7 000 renunciaron ahuyentados por las amenazas de los criminales. Mientras él salvaba las mañanas con el sonsonete de que en esa primavera celebrábamos una fiesta democrática, su gobierno y los Gobiernos regionales enviaron a miles de soldados, guardias nacionales y policías para cuidar a unos seiscientos candidatos en situaciones de riesgo en 28 de las 32 entidades; otros doscientos optaron por pagar de sus bolsillos unos mil dólares diarios para alquilar camionetas blindadas, como la mía. Al terminar la contienda, Rosa Icela y el Gobierno presentaron otros datos: solo 12 candidatos habían sido asesinados, según ellos. La musicalidad de nuestra patria.

Rosa Icela me llamó a la mitad de las campañas para ofrecerme un reforzamiento en mi dispositivo de seguridad. He contado que me llamó en la madrugada del atentado y la tarde en que atraparon al Patrón en Estados Unidos. También afable lo hacía en esta tercera ocasión para poner a mi servicio guardias nacionales «que nos tendrían más tranquilos a todos». En la mañana, el presidente me insultaba, voceaba con el volumen a lo que diera que yo ganaba mucho dinero y formaba parte de una aviesa esfera de corruptos e indeseables. Al mediodía, la secretaria de Seguridad me telefoneaba para garantizar que yo disfrutara de las mejores condiciones para seguir haciendo la crítica. Creo que habría bastado un «de acuerdo, secretaria», para que, en horas, una camioneta con cuatro o cinco guardias nacionales con uniformes, cascos, chalecos, armas largas se presentaran en mi domicilio para fortalecer mi dispositivo de 14 personas. Pero no, no:

—No distraigan más recursos conmigo, por favor —me disculpé agradecido con Rosa Icela—. Me apena costarles tanto dinero; la policía de la ciudad me cuida muy bien, me pusieron policías excepcionales en el servicio y el trato. Gracias, secretaria, pero mejor manden a los guardias nacionales a cuidar a otros, no les faltará a quien cuidar.

Lo quiero subrayar: en Palacio Nacional usaban un inmenso poder de difusión para encogerme, acobardarme, agredirme. En las calles, en mi trabajo y en mi casa, el Gobierno me amparaba para que a nadie se le ocurriera hacerlo.

El Gobierno que ahora encauzaba recursos en abundancia para preservarme fue el que entre 2020 y 2022 me persiguió con una auditoría fiscal propia de las malas causas: me entrampó, atemorizó y exprimió. «Tenemos la orden de amolarlo», le decían los empleados del aterrorizante Servicio de Administración Tributaria (SAT) a mis contables. «Hay la instrucción de chingarte», me confiaron funcionarios del Gobierno. En la etapa final de la auditoría, cuando había acordado y firmado con el SAT pagar parte de un supuesto adeudo por el esquema con el que me pagaba la empresa de radio, pero pedía revisar otra parte y otras cuentas que a mi fiscalista y a mí nos parecían abusivas, dolosas (esa fase legal de revisión administrativa consensuada con el SAT tiene precisamente por nombre «acuerdo conclusivo»), justo en esa etapa, en diciembre de 2021, el SAT remitió mi expediente técnico contable a la Procuraduría Fiscal de la Federación por un adeudo que, a pesar de ser tan cuestionable, yo, repito, reconocía en una parte y pedía revisar a la baja en otra. Jamás dejé de pagar impuestos. Lo hacía con la religiosidad de los que no quieren meterse en problemas. La empresa de radio nos pagaba a través de un *outsourcing* que nos retenía un porcentaje de nuestros ingresos y se comprometía a declararlos ante la autoridad hacendaria y, suponíamos, a pagarlos. Solo que la autoridad hacendaria de él no reconoció el *outsourcing* ni lo aceptó y, en vez de reclamarle el pendiente a la empresa que había retenido un porcentaje de mis honorarios, encontró un resquicio para abalanzarse en mi contra. Conocían mi foja, sabían que nunca había sido un contribuyente moroso, pero, dolosamente, aprovecharon el resquicio que el *outsourcing* les estaba sirviendo en bandeja de plata.

No obstante todo eso —hagámoslo a un lado—, el SAT me estaba acusando de adeudar de manera fraudulenta lo que, en ese diciembre de 2021, estábamos revisando y no habíamos podido concluir por sus inexplicables, groseras y económicamente costosísimas prórrogas. Ellos alargaron el proceso y ahora alegaban que yo me negaba a liquidar el supuesto adeudo. Al hacerlo, transformaban el asunto administrativo en uno penal, en fraude, en amenaza de cárcel. Lo hacían a pesar de que habíamos firmado un acuerdo conclusivo y de que el acuerdo tenía vigencia plena.

La noticia de la remisión de mi expediente a la procuraduría fiscal me la dio Adán Augusto, el secretario de Gobernación, el número dos del gobierno de él. Me invitó a tomar un café en su despacho en las históricamente conminativas oficinas de la calle de Bucareli, en el centro de la Ciudad de México, la mañana del 20 de diciembre de 2021. Diez de la mañana. Me mostró el documento de remisión, sugirió que me hiciera cargo del asunto y me dio su palabra de que su jefe, el presidente, le había indicado comunicarme que, pese a esto, yo siguiera haciendo mi trabajo como siempre, que no dejara de decir lo que decía en la radio y la televisión. ¿Era una amenaza, una extorsión o un favor a un adversario a quien, en el fondo, le externaban respeto? ¿Qué carajos significaba en esa maleza hacerme cargo del asunto?

Adán me dijo que se iría de vacaciones de fin de año a su tierra, Tabasco, pero que estaría atento para vigilar, dentro de sus capacidades, que «a nadie se le ocurriera hacer una tontería en estos días, ya sabes». Le pedí fotocopia de las dos hojas del resumen ejecutivo del documento de remisión, «entenderás que lo otro, el expediente, no puedo dártelo», se disculpó.

Procuraduría Fiscal de la Federación

15 de diciembre de 2021

Ciro Gomez Leyva

1. Antecedentes

Con motivo del acto de fiscalización efectuado por el SAT al contribuyente Ciro Gomez Leyva, el 14 de diciembre de 2021, la Administración General de Auditoría Fiscal Federal, remitió a la PFF, dictamen técnico contable, y cuantificación de perjuicio causado al fisco federal.

Peritos adscritos al SAT determinaron que:

- El contribuyente CIRO GÓMEZ LEYVA, manifestó en la Declaración Anual tipo Complementaria ingresos exentos en cantidad de $8,399,734.00, por concepto de Sueldo y Salarios, que corresponden a AFP Pensión en términos del Artículo 93, primer párrafo, fracción XIII de la Ley del Impuesto Sobre la Renta; sin embargo, no demostró que correspondieran alguno de los supuestos de dicho ordenamiento legal e incluso los terceros PRODUCCIONES CASTINGS AND STAFF SOLUTIONS PROCASS, S.A. DE C.V. y CONSULTING INTELLIGENT FREYXENET, S.A. DE C.V., señalaron que correspondían a Pensión de Supervivencia y que la edad no es un requisito para otorgar dicha Pensión.

- Toda vez, que el contribuyente CIRO GÓMEZ LEYVA, no demostró que los recursos recibidos de CONSULTING INTELLIGENT FREYXENET, S.A. DE C.V., en cantidad de $8,399,734.00, correspondieran a alguno de los supuestos señalados en el Artículo 93, primer párrafo, fracción XIII de la Ley del Impuesto Sobre la Renta, por los que no se pagara Impuesto Sobre la Renta, estos se consideran ingresos del Capítulo IX , De los Demás Ingresos que Obtengan las Personas Físicas de la citada Ley.

- Del análisis a las cuentas bancarias obtenidas de Comisión Nacional Bancaria y de Valores a nombre del contribuyente CIRO GÓMEZ LEYVA, se conocieron depósitos bancarios totales en cantidad de ▮▮▮▮▮ y una vez depurados y clasificados, no aclaró ni desvirtuó la cantidad de $9,614,734.53 por lo que se

150

Procuraduría Fiscal de la Federación

consideran De Los Demás Ingresos que Obtengan las Personas Físicas de conformidad al Título IV, Capítulo IX de la Ley del Impuesto Sobre la Renta.

2. Conclusión

Omitió pagar al Fisco Federal el Impuesto Sobre la Renta, correspondiente al ejercicio fiscal comprendido del 01 de enero de 2019 al 31 de diciembre de 2019, en cantidad total de $3,365,287.49

En la copia venía la cantidad reclamada por el SAT. Y pese a mi insistencia de irme en taxi, me puso una camioneta con chofer para regresarme a mi barrio.

Hablé con Juan Carlos Rizo, el excelente y sereno fiscalista que me acompañó en los dos años de calamidades y angustias. Lo hice, asimismo, con tres, cuatro amigos. Evalué sus sugerencias y tomé dos decisiones. Una, haría un pago inmediato por la cantidad marcada en el documento (autocorrección, en el léxico impositivo; pagué al mediodía del 24 de diciembre, blanca Navidad). La segunda decisión consistía en no rendirme, en prepararme psicológica, económica, familiar y profesionalmente para ir a la cárcel. Diseñé el plan y el discurso y lo compartí con los tres, cuatro amigos. No encallaría en el vacuo, gastado rollo de nombrarme perseguido político. Si el gobierno daba el paso de las dictaduras, el paso de la cárcel, se las vería con un muyahidín con un chaleco de explosivos. Lo planeé secuencia por secuencia. No creo ser un suicida ni un nihilista, pero la idea de explotar y volar juntos por los aires terminó por entusiasmarme. Estaba listo para recibir a la tramposa Cuarta Transformación.

Pasaron los días y las semanas, la Procuraduría Fiscal de la Federación no me persiguió, el Gobierno no congeló mis cuentas bancarias y el SAT siguió retrasando con ruindad los tiempos para que el adeudo creciera en esos meses en que la invasión rusa a Ucrania acercó la inflación y por consiguiente las tasas de interés a los dos dígitos. Juan Carlos Rizo fue desmontando los obstáculos y los amigos tuvieron la paciencia para convencerme de que pagar lo que el Gobierno quisiera cobrarme sería lo menos costoso. «Paga, resígnate, no vayas a pleito y saldrás vivo de esta» era la consigna de los amigos. Sobrevivir era ganar el pleito.

Con la furia de quien se siente extorsionado, robado y, he de reconocer, con alivio, el 30 de agosto de 2022, 24 meses después de que el Gobierno me notificara el inicio de la auditoría por el ejercicio fiscal del año 2019, ocho meses después del café con Adán Augusto, el SAT liberó la orden de pago para que saldara una cantidad que superaba en varios tantos nuestros cálculos y colocaba el monto total de la auditoría en unos seiscientos mil dólares: una barbaridad. Y no fue sino hasta diciembre cuando me entregaron el documento firmado y sellado que ponía fin a la fatiga y la pesadilla. La tarde del miércoles 14 de diciembre, el miércoles en que él habló del tumor en el cerebro que le saldría a mis radioescuchas y televidentes, el miércoles en que me iban a matar, pasé a la oficina de Juan Carlos a recoger el documento de cierre que me llevé a la televisora para hacerle un par de juegos de fotocopias, pero lo olvidé en mi escritorio, de tal manera que la noche siguiente, la del jueves 15, en el asiento del copiloto traía la caja de galletas que me regalaron los compañeros del *staff* y el documento de cierre de la infame auditoría a la que me sometió el autoproclamado gobierno del pueblo. Imagino las versiones fantasiosas que se habrían publicado de haber cedido el blindaje de la camioneta.

Adán Augusto, el caballeroso número 2, Adán Augusto y su jefe, ¿me amenazaron, extorsionaron o hicieron un favor? Un favor no fue, pues, repito, yo participaba en un acuerdo institucional con el SAT para culminar la auditoría, que no había culminado, repito, por las prórrogas que el SAT se daba a sí mismo y yo tenía que pagar como una acumulación de recargos. Adán y el gobierno no me estaban haciendo ningún favor legal, institucional.

¿Me querían entonces aniquilar o jugaron al gato y el ratón? Lo que sé es que por unos días me sentí y supe decidido a dar mi vida antes de dejarme someter por él y su gobierno. No sé si me habría atrevido a hacerlo, pero eso no ocurrió y hoy, hoy, qué más da.

NO NOS PUDO MATAR

Claudia, él y su partido arrasaron en las elecciones del 2 de junio de 2024. Ella obtuvo 59.8% de los votos, Xóchitl, 27.5%, una diferencia exorbitante que superó los categóricos números de él seis años atrás. Ganaron también con distancia holgada la ciudad y, pese a que en los comicios legislativos el margen se cerraba a 56% de ellos y 44% de la oposición, la polémica interpretación de nuestro embrollador sistema de reparto proporcional de votos que hizo el Instituto Nacional Electoral y convalidó el Tribunal Electoral del Poder Judicial de la Federación, le dio a la coalición oficial los senadores y diputados suficientes para modificar y rehacer al antojo las leyes y reglas del juego. Podrían desaparecer si lo desearan a la Suprema Corte de Justicia de la Nación que satanizaban. Si se les ocurría, podrían imponer a perpetuidad la reelección de Claudia. Se regodeaban anticipando, con una resonancia más cristiana que de izquierda, que los días de gloria para el pueblo estaban por arribar, que ahora sí nadie frenaría el cambio de régimen. Coreaban engreídos que el pueblo les había ordenado en las urnas instaurar una asamblea constituyente para confeccionarle al país un nuevo cuerpo con un alma inmortal que orientaría y concretaría los proyectos políticos, económicos y sociales en favor de los pobres, siempre en favor de los pobres, de las personas más necesitadas, de los desheredados de la tierra. «El mandamiento de encontrar un futuro nuevo», diría el papa Francisco.

La herramienta que más usaron los analistas para explicar los resultados machacaba que el gobierno de él invirtió cinco años en perfeccionar el sistema de entrega directa de dinero a millones de familias, el modelo del bienestar popular. Dinero a cambio de tener 65 años, o 60, o de ser un joven que estudiaba, o un joven que no estudiaba, o un sembrador de árboles, los sembrara o no; o una madre soltera, o una madre casada con carencias. El dinero se depositaba sin falta en las tarjetas bancarias de los beneficiarios y hacía una inmensurable diferencia para millones de personas (no había cifras públicas confiables de cuántos millones). Faltaban las medicinas en los hospitales, las consultas médicas seguían demorando meses, pero el dinero caía puntual en las tarjetas. No se creaban nuevos y buenos empleos. Los criminales asesinaban al padre, a los primos, secuestraban a un sobrino, extorsionaban a un tío, sometían a los hermanos, abusaban de las hermanas, pero entre abuelos, padres, madres, hermanos, hijos, nietos, las tarjetas ingresaban mil dólares o más al mes a ese hogar donde vivían. Si las escaseces y horrores eran similares a los de otros tiempos, parecidos a los de las épocas en que gobernaban los que hoy les pedían un voto desde la oposición, ¿por qué habrían de votar por ellos y no por los candidatos del movimiento guinda de las tarjetas del Bienestar?

Con buenas y malas artes, los operadores electorales del partido oficial surcaron con el soporte del aparato de gobierno, y con una abrillantada, cuantiosa y bien producida propaganda que fortificaba el enfrentamiento entre «ellos que nos devolverían al pasado de corrupción y penurias» y «nosotros, el pueblo bueno»; con buenas y malas artes esparcieron bondades y miedos con pericia y consiguieron que, de acuerdo con los sondeos a la salida de las casillas, tres de cada cuatro beneficiarios de las tarjetas votaran por Claudia y sus candidatos. Un éxito que podría encubrir fechorías (incluida la connivencia con los criminales que no se interpusieron en la entrega de las tarjetas), pero un gran éxito al fin.

Más trabajo costaba a los especialistas interpretar por qué seis de cada diez personas de la clase media concedían haber votado por Claudia. El mito de la venezolanización mexicana expiraba súbitamente. «La violencia, la corrupción, la ineptitud hacían esperar un voto de castigo, no una ovación», escribió el maestro Gabriel Zaid. Sí, pero no fue. Seis de cada diez mujeres escogieron a Claudia. Los jóvenes primerizos, debutantes, votaron en una proporción de dos a uno por ella. Claudia tuvo más votos que Xóchitl en 31 de las 32 entidades federativas. Una señora paliza, en femenino, masculino o el género, región, edad y capa social que se eligiera.

El presidente aprovechó el tragantón y el festín para restregarnos la victoria como una derrota atronadora de los periodistas que lo criticábamos. Un fracaso que, según él, sus partisanos y francotiradores de propaganda anhelantes de un ajuste de cuentas, nos mandaba al basurero, hundía en la vergüenza y ponía a un paso de un retiro deshonroso. Los números indicaban algo menos bobo. Nuestras audiencias crecieron también. Mayo, junio, julio fueron meses de buenas cifras para nuestros programas, los radioescuchas y televidentes no desertaron. Así es que, si de ceñirse a los hechos se trata, ganó Claudia, ganó él, ganaron ellos y ganamos nosotros, aun en esa intemperie.

En el verano poselectoral recibí ofertas de trabajo de empresas de medios que no imaginaba que en esas circunstancias pudieran tener interés en mí; gratas sorpresas que rechacé. Las invitaciones a dar conferencias muy bien pagadas proliferaron como nunca en mi carrera. Acepté algunas después de casi una década de darles la espalda, cobré y me divertí, por qué no.

Claudia anunció que Omar sería el secretario de Seguridad, y Rosa Icela, la secretaria de Gobernación. En la Ciudad de México, ratificaron a Pablo Vázquez como jefe de la policía. Los cuatro funcionarios del Gobierno que más cerca estuvieron de mí, los más generosos y eficaces después del atentado, los que me proveyeron y proveían seguridad y me acuerparon para que siguiera en lo mío, asumirían en breve posiciones esenciales, comenzando por Claudia, la primera presidenta en la historia de México. Con independencia de lo que eso se fuera a convertir en los años venideros, la recia guerra de Palacio Nacional parecía estar por terminar.

Tendría tiempo para acercarme a la comprensión de los motivos y consecuencias de lo experimentado, para tratar de interpretar la naturaleza de las acciones violentas que él, el poderoso de la inmensa popularidad, ejerció en mi contra. Para sacar un balance reposado de su ofensiva de seis años. Por lo pronto, los periodistas habíamos sobrevivido al sexenio, y a la indiscutible victoria electoral del oficialismo, y de él. No nos había podido matar.

DISCULPE, SEÑORÍA, SUFRO DE ABSTINENCIA

«Desdicha» sería la palabra para describir la estampa de ese hombre derrotado y abandonado, pero podrían usarse los sinónimos «calamidad», «desventura», «desgracia». El rostro bonachón de la foto tomada en California cuando lo detuvieron se deformó en uno estropeado y desabrido, que hoy emite suplicio, escarmiento, y parece pedir piedad. Jueves 4 de julio de 2024, misma sala del centro de justicia donde cinco meses atrás conocí al Bart y a ellos. Me faltaba conocer al Patrón y aquí está, a 10 metros. El líder al que la manada seguía con obediente sumisión, el «autor intelectual del atentado», según el elegante juez de apellido Posán. Patentemente más flaco que en la foto de California, no se diga comparado con el fortachón que salió del almuerzo con los sicarios el 31 de diciembre de 2022. Su rostro proyecta las miserias de una extensa temporada de fracasos. Muy cansado para los 55 años que registra el expediente. Lentes excesivamente grandes que hacen más penoso el porte decaído. El pelo con tinte negro, la barba grisosa descuidada, a la Fidel Castro en la Sierra Maestra. Uno ochenta y tantos de estatura. Sin tatuajes, aretes, accesorios ni gloria.

No ha asistido, no ha venido a representarlo el abogado David Hernández, quien nos contó cuánto le insistió en que regresara a México y confiara en la autoridad. A nosotros esa versión nos sonaba a una letanía candorosa, pero aquí está, regresó, no sabemos si por estrategia, por una equivocación garrafal del abogado que en un aparente conflicto de interés representa también a los cuatro sicarios que lo acusan, o por un error que la desesperación del Patrón provocó.

Del otro lado del pasillo de dos pasos, el Patrón está sentado con Raymundo Álvarez, un defensor del equipo de David Hernández. Solos los dos, nadie los acompaña ni refuerza en las vacías sillas a sus espaldas. Solo el Patrón y un defensor, un defensor y el Patrón, dos. Nosotros, entre fiscales, abogados y asesores, somos diez, una desproporción que se sentirá en el par de horas de la audiencia y que no sé si materialice nuestra victoria sobre la banda de criminales. ¿Esto es la victoria? Es la derrota de ellos. Las cosas tuvieron que salirle muy mal a Armando Escárcega, el hoy desgarranchado Patrón, para estar protagonizando un papel tan lamentable; disculpen los muchos adjetivos.

Cinco minutos antes de que un guardia nacional introdujera al Patrón a la sala del centro de justicia, el defensor Raymundo se presentó amable conmigo para fiarme que su cliente quería hablar y quería decirme que no hubo nada personal, que para él se trató de un negocio. Un negocio. Fui su negocio. Mal negocio.

A diferencia del Bart y los otros sicarios de destino predeterminado, el Patrón no intentará atemorizarme con la mirada que entrecruzaremos tres veces en rápidas intermitencias. Con él no va por ahí, no se desgastará en excentricidades improductivas en una audiencia de desenlace cantado. El juez Posán hace una relatoría sintética que el Patrón nervioso asiente con la cabeza. Le hace saber que el testigo uno, el testigo dos, el testigo tres y el testigo cuatro (se guarda los nombres *Pool* Pedro, Yeyé, Dedotes y Bart) declararon ya ante la justicia, y que fueron descripciones convincentes para fundar que él los contrató para matarme. El Patrón niega con la cabeza de izquierda a derecha y de derecha a izquierda esa última frase. Para acompañar o rechazar, mueve la cabeza con suavidad, sin guerrear.

Ricardo Sánchez Pérez del Pozo, el fiscal, pide al juez que le abra el procedimiento penal y no le conceda el beneficio de abandonar la cárcel mientras tanto. Así, a las 16:50 horas del jueves 4 de julio de 2024, llega la hora: con el sustento de que «usted tenía actividad con ellos y encargó la acción criminal», el juez Posán lo vincula a proceso por homicidio en grado de tentativa. El Patrón y su abogado no objetan. El juez procede a dictarle la prisión preventiva justificada: seguirá en la cárcel al menos los cuatro meses que el juez fija como plazo para profundizar la investigación, pero que, lo sabe, lo sabemos aquí, serán muchos más. El Patrón y su abogado tampoco objetan. Nadie parece estar engañando a nadie, a menos de que una estrategia refinada haya preparado un guion para que el acusado actúe como chivo expiatorio apocado, entristecido, papel que el acusado estaría desempeñando con maestría.

El Patrón levanta la mano y pide la palabra:

—Su señoría, disculpe, sufro de abstinencia, pido su permiso para poder ir al baño.

El juez se lo concede. Un guardia nacional lo saca de la sala para que vaya a orinar. El Patrón cruza sus muñecas, como si estuviera esposado, no lo está. Vivir para escucharlo, verlo y contarlo.

En una corte de San Diego, un jueves atrás, el Patrón hizo lo que el abogado David Hernández decía que le recomendaba: anunció que no combatiría la extradición reclamada por el Gobierno mexicano. El Patrón se allanaba. Las que nos parecían fanfarronerías de un leguleyo, se convertían en acciones consumadas. Cuarenta y ocho horas después, en la madrugada del sábado, a una velocidad que tampoco predecimos, las autoridades de Estados Unidos entregaron al Patrón en Tijuana. Con esa rapidez, la fiscalía lo subió a un avión que aterrizó al mediodía en el Valle de México. Y a ese ritmo de justicia expedita fue transportado en un convoy a los juzgados de la enorme cárcel del norte de nuestra ciudad. «Venía con mucho miedo en el avión», me contó antes de que comenzara la audiencia un asesor de la fiscalía que lo trajo de Tijuana.

—¿Miedo a qué? —le pregunté.

—A todo, mucho miedo, hacía muchas preguntas sobre su futuro —respondió y me dio la espalda.

Encaminado, el equipo de la fiscalía le pide al juez Posán que el Patrón sea trasladado a la una vez inexpugnable prisión federal de Almoloya, porque mantenerlo en la cárcel donde se encuentra pondría en riesgo su vida y la gobernabilidad de la cárcel. El abogado del Patrón objeta falta de datos objetivos en la solicitud. El Patrón levanta la mano y pide la palabra por segunda ocasión:

—Solo solicito, su señoría, me permita mantenerme aquí hasta que se me vincule a proceso por el otro delito, la asociación delictuosa. Se lo solicito para poder tener contacto con mi abogado. Sabemos que en aquel penal tardarían un mes en autorizar la entrada de mi abogado. Aquí donde estoy no tengo contacto con nadie, me tienen en una zona aislada con mucha seguridad y no siento que corra peligro.

En esas oraciones sin sandeces ni tonalidades pendencieras, el Patrón nos recordó que era abogado y sabía manejarse en una audiencia. Su aplomo, pulcritud, más la lógica del argumento, debieron valer para que obtuviera lo único a su alcance esa tarde. En dos minutos, el juez aplacó y desarmó con racionalidad a los fiscales, los cuestionó por haber expuesto solo suposiciones en la solicitud de traslado, les achacó no haber sido exactos, los reprendió por la falta de información

NO ME PUDISTE MATAR

objetiva que actualizara los supuestos de que el Patrón se encontraba en peligro en esta cárcel y ponía en peligro a otros presos. Denegó el traslado a Almoloya, pegó con el mallete en el escritorio y dio por terminada la sesión.

El Patrón pregonó que, si lo traían a México, lo matarían. Ocho meses después se contradecía y afirmaba que no se sentía en peligro. ¿Perdió valor en el mercado criminal, se oxidó? ¿Pactó sacrificándose? ¿Evitó que la policía avanzara contra sus familiares? ¿No le quedó de otra? Me marché de la sala con la idea de que lo estaban dejando morir solo por no haber comprendido la dimensión del encargo y las consecuencias que le traería fallar. Y, además, decía que quería hablar y hablar conmigo. Me dijeron que no tenía dinero para un dilatado proceso judicial, por lo que era probable que buscara también el juicio abreviado. Pero ¿a cambio de qué lo pediría?: ¿qué información nos podría dar ese señor que decía tener, pero ahora aseguraba que no, miedo de que lo mataran? Que no nos tratara de tomar el pelo con el cuento de que el Cártel Jalisco lo contrató para hacer el negocio, aunque fuera cierto. Que no olvidara que la última palabra para aprobarle el juicio abreviado sería la nuestra.

Los testigos uno, dos, tres y cuatro lo culparon ante la ley de prepararlos y darles instrucciones y recursos para matarme. Lo culparon a él, el de la casa en el norte del Valle de México, de donde *Pool* Pedro y el Yeyé juraron ante la ley haber salido después de cenar el 15 de diciembre. A él, el jefe de Aniceto, su tío de la libreta de contabilidad. A él, que era consciente de su culpa y temía ser detenido en Estados Unidos, de acuerdo con la fiscal Tara McGrath.

Una rutinaria tormenta veraniega concurrió para que el regreso sin alegría desde el Reclusorio Norte a los estudios de la televisora en el sur de la Ciudad de México durara dos horas en el tráfico. He referido que no comparto el mito del Patrón todopoderoso. Supongo que eso y el aborrecible embotellamiento influyeron para acrecentar mi decepción por haber atestiguado un fallido momento de tensión, un errado nudo dramático, mal perfilado y representado a fin de cuentas por un actor que se disfrazó de caricatura para engañarnos, o que en su actuación nos reveló la escala diminuta de los que se organizaron para consumar mi ejecución. Mi encuentro a 10 metros con el señor Armando Escárcega reforzó mi escepticismo de que ese tipo derrotado y abandonado que pidió permiso para ir al baño porque sufría de «abstinencia», no nos subiría al segundo piso del conocimiento de quién fue y por qué.

Anoté en el cuaderno cuando la tormenta arreciaba que la audiencia del jueves 4 de julio había sido predecible en lo legal y quebradiza para un relato en donde, en adelante, quizá conviniera ir relegando a ese Patrón miope, estragado, meón. A menos de que más adelante contara lo que esa tarde nos resultaba imposible de imaginar. O de que lo asesinaran, claro está.

LA MUSICALIDAD
DE NUESTRA PATRIA

Milton

Por la esquina del viejo barrio de los Acuales lo veían pasar. En el Coacalco de las banquetas rotas y los perros callejeros. El Jefe Milton volvía por lo general un fin de semana sí, un fin de semana no, a paladear a los suyos. Cuentan que seguía encontrándole encanto a las misceláneas surtidas a medias y a las recauderías de los marchantes perpetuos. A las 11:00 horas del último día de su vida, salió de la casa y, en vez de echar a andar para hacer las compras, manejó la camioneta. Recuerdo que, cuando lo conocí, había en su mirada penetrante un vislumbre de suavidad. Por eso lo imagino en Coacalco como a uno de esos personajes de las historias de amor que vagan por la aldea y se cruzan con hombres que se inclinan a su paso y con mujeres sedosas que, bajando la mirada, le sonríen.

Sus compañeros de la policía me contaron después del domingo 21 de julio de 2024, el domingo en que lo acribillaron, ahí, en los Acuales, que pasadas las elecciones de junio, el Jefe Milton se fue a la India con una decena de especialistas para perfeccionarse en sistemas de inteligencia cibernética de combate al crimen. Al regresar, comenzó una semana de vacaciones pedidas con anticipación y a las que nadie se opondría, porque nadie las merecía más que el incombustible Milton. Tomó el volante de su camioneta y, con su esposa al lado, sin escolta ni patrullas, condujo 12 horas sin escala a Mazatlán, la entrada por el sur a la malfamada costa del Pacífico sinaloense. Iban a visitar a parte de la familia. Al sexto día, sábado, con su esposa al lado, tomó la carretera de regreso y condujo 12 horas sin escoltas ni escalas rumbo al norponiente del Valle de México, a Coacalco, su barrio de 8 000 habitantes por kilómetro cuadrado, donde pasarían la noche. El domingo, día final de las vacaciones, fue a la pequeña Pollería César a comprar, según el letrero de la fachada amarilla, «pollo fresco de primera calidad partido para todos los eventos» que llevaría a la Ciudad de México para almorzar con otra parte de la familia, la que cuidó al hijo mientras paseaban por Mazatlán.

Milton Morales Figueroa era el coordinador general de la unidad de estrategia, táctica y operaciones especiales de la policía de la Ciudad de México. Podía disponer, y lo hacía, de decenas de escoltas, pero cuando estaba en el viejo barrio se sentía como uno de los vecinos que lo habitaban y se movía con la certitud de los héroes que no pueden morir. Era ortodoxo en los métodos, menos en el suyo. Por eso nadie le cuidaba las espaldas cuando un tirador de los que no saben fallar, un sicario eficaz y veloz, entró a Coacalco con otras tres personas, esperó a que bajara de la camioneta y se posara ante el mostrador de piernas y muslos para descargarle seis tiros en la cabeza y nuca, reventarle el hueso parietal, correr, subir a un auto que lo aguardaba y salir de la escena. Y aunque hubo ruido y el cadáver quedó al rayo del sol, nadie parecía creer la realidad a la vista: el Jefe Milton había sido ejecutado a sus 40 años. En Coacalco. En los Acuales.

Lo conocí el primer lunes hábil de 2023, tres semanas después de mi atentado, año y medio antes de que lo asesinaran. Me lo presentó Omar, entonces su jefe en la policía de la ciudad. Estaba sentado del otro lado de una mesa descomunal en la sala magna del piso 12 del edificio de la policía. Los dos, y un tercer mando, me explicaron el método y la tecnología que emplearon para identificar a las personas que me habían atacado, delinearon el contenido de las conversaciones telefónicas interceptadas, describieron cómo los siguieron uno a uno y desmenuzaron los errores de los que habían huido y retornaron a sus casas sintiéndose exentos de riesgo, de los que volvieron a sus barrios. Me garantizaron que todos estaban localizados y a un paso de ser detenidos. Saboreé la forma en que narraba Milton. Voz baja, frases cortas, puntos y seguidos diáfanos, solo los adjetivos ineludibles, datos, hechos y algún enunciado, acaso una tenue interpretación cautelada por la frase: «Esto que acabo de decir no es científico, es interpretación mía». Trataba con respeto a los supuestos atacantes, eran la otra parte del relato, la otra expresión simbólica de la ecuación. Dos días después del encuentro en la mesa gigante para 25 personas de la sala magna, Claudia —jefa de Omar y Milton— anunció la captura de seis hombres y seis mujeres que participaron en lo mío; más tarde se informaría de la aprehensión del Bart y la existencia del Patrón. Los hechos probaban y probarían lo que Omar y Milton me habían adelantado el primer lunes hábil de 2023: que cada uno de los investigados existía y, lo he referido, salvo una de las mujeres, cada uno aceptaría su responsabilidad en el atentado.

Se entenderá que para mí el equipo de Omar, Milton, Pablo, un equipo de formas lógicas y concretas, con un porcentaje de acierto increíble para la época, simbolizaba eficacia, confiabilidad, técnica y decencia policiaca. Por eso tenía sentido para mí el trascendido de que Milton sería el titular del centro de inteligencia federal una vez que Omar asumiera el cargo de secretario de Seguridad en el gobierno de Claudia. Entonces lo mataron, en una pollería de Coacalco. La vulnerabilidad de los ciudadanos y policías volvía a encenderse con fosforescencia alucinógena. «Con el asesinato del jefe Milton los criminales y sus aliados […] avisan al nuevo gobierno que defenderán a balazos el enorme poder adquirido», escribió el especialista Sergio Aguayo. Defenderán a balazos el enorme poder adquirido. En el registro, sin contar al fantasmal Davies, Milton se convertía en el primer asesinado entre los personajes de mi relato.

El 30 de septiembre de 2024, horas antes del cambio de gobierno, de que Claudia jurara como presidenta y Omar asumiera funciones en el nuevo gobierno, se dio a conocer la noticia de la captura de Jorge Leonel, el Leo, el supuesto sicario que asesinó a Milton. Estaba preso desde el día 19 de septiembre, pero alguien supuso que guardar la noticia sería lo adecuado. La biografía del Leo no se diferenciaba de las del Bart, *Pool* Pedro, etc. Estuvo en la cárcel por robo de vehículos y venta de drogas, debía dinero, lo contactaron y no tuvo mucho margen para decidir hacer el mal: a eso se dedicaba y le urgían una recompensa económica y prestigio criminal. La autoridad dice que el Leo no sabía a quién iba a matar, que lo supo por las noticias. Y que rondó la casa de Milton tres horas antes porque sabía cómo hacerlo y porque, por inverosímil que parezca, en el país de los ochenta homicidios diarios nadie vigilaba el domicilio del hombre que pronto podría encargarse del más potente sistema de inteligencia para la lucha contra el crimen jamás creado por el Gobierno mexicano.

Jorge Leonel, el Leo, se escondió dos meses. Pero su suerte estaba echada. «Los investigadores relataron que [...] había rentado un departamento en una unidad habitacional de Tula: se mantenía a buen resguardo, pero no podía evitar asomarse a la ventana "hasta sesenta veces al día"», escribió

Héctor de Mauleón, columnista non en los temas de violencia política. «Falta el tejido más fino. Porque se sabe que hay alguien que operó desde más arriba».

—¿Cómo es que se movía sin escolta? —le pregunté a Pablo Vázquez, el secretario de Seguridad, el jefe de Milton, el último jefe que tuvo Milton.

—Así era él —abrió las manos con un ademán de acatamiento—. Él contaba con un equipo de seguridad. Pero, aunque a veces iba a los operativos, decía que su trabajo era de escritorio, de bajo perfil. Y decía que, como nunca había robado ni engañado, ni le había hecho trampas a nadie, no tenía razones para creer que lo fueran a matar.

—Coacalco es peligroso.

—Puede serlo en algunas partes. Allá tenía su casa y le gustaba ir cuando podía, especialmente los fines de semana. Tenía un departamento por aquí (centro de la Ciudad de México), pero cuando podía se iba para allá y aprovechaba para dejar descansar a su chofer.

—Supongo que habrás visto lo que se ha escrito, que Milton era el perfil ideal del policía al que el país debería aspirar.

—Era un gran policía y una muy buena persona. Y un gran mentor, un maestro. Estaba al frente de muchas de las investigaciones más relevantes. Fue responsable de salvar muchas vidas. Era eficiente, era solvente, qué más te digo. Por eso su muerte nos tiene tan impactados y tristes.

En los seis años que gobernó el presidente que nos insultaba fueron asesinados en el país 2 456 policías, de acuerdo con la métrica de la asociación Causa en Común. Dos mil cuatrocientos cincuenta y seis policías muertos en seis años dan un promedio de 1.1 por día. Tal vez en sus investigaciones, Milton estudiaba y hallaba un país como esos que se iban formando en la ruta de la seda de Baricco, en desordenada espera de una guerra que no acababa de estallar del todo, pero con el mapa y la red de los controles disueltos ante la inminencia de una explosión que los redibujaría y los rediseñaría. Una explosión que podría ser siniestra o virtuosa, y que, tal vez, el Jefe Milton sería capaz de inclinar para que la moneda no cayera del lado del horror, pero que no lo pudo hacer porque un domingo le dispararon por la espalda en su viejo barrio. Qué cabrona es la musicalidad de nuestra patria.

A UN AMIGO NO SE LE DISPARA
A LA CABEZA

«Me doy cuenta de que siento una ira contenida ante una injusticia que no tengo más remedio que aceptar, eso es lo que han conseguido seis años de ataques del Gobierno en mi contra», escribe Maria Ressa, la interminablemente perseguida periodista filipina, Premio Nobel de la Paz 2021, en el primer párrafo de su libro *Cómo luchar contra un dictador*, editado en español en 2023, cuando mi atentado aún resonaba. Es una frase que en mi aturdida circunstancia leí como una renuncia suya («que no tengo más remedio que aceptar»), pero Filipinas debe de ser otra cosa. Dos párrafos adelante, Maria pregunta y se responde: «¿Sería tan tonto mi gobierno de ir por mí? La verdad es que sí».

He dicho que no encuentro cuál sería la ganancia instrumental de «mi gobierno» al mandarme asesinar, y que no sería yo el altavoz que esparciría conjeturas dolosas ni inventaría conspiraciones que apuntaran y marcaran al gobierno de él. Pero un martes reventé. Faltaban 27 días para que concluyera su mandato. Habían corrido 625 días desde que hice aquel compromiso público de no acusar a nadie de ser el homicida intelectual a partir de mis supuestos, fobias ni conveniencias. Estábamos en el programa matutino de radio. Sophía Henríquez, quien tenía la tarea de escuchar la conferencia mañanera y mantenernos al tanto —encargo que resolvía con excelencia—, me informó que él llevaba veinte minutos en lo de costumbre: hablar mal de mí. Una nueva embestida de calumnias, sin datos, sin pruebas, denigrar por denigrar, chingar por chingar, decimos en mi patria. No lo hacía a partir de un hecho concreto o reciente, era solo que esa mañana me tocaba cinturoniza. Según SPIN Taller de Comunicación Política, era la ocasión 156 en el año. En esa ocasión 156 no parecía enfocado en intimidarme, y a esas alturas era absurdo pensar que ambicionara desmoralizarme. Tal vez ese martes me seleccionó para divertirse, me insultó para ver cómo reaccionaba. O quería enviar un mensaje de despedida. O, efectivamente, solo quería chingar por chingar.

En el corte comercial escuché parte de la diatriba. Él: exasperado, envenenado, el escupitajo como rifle de asalto. Nada fuera de lo común. Pero estallé, diría que inexplicablemente, al escucharlo llamarme «amigo». «Nuestro amigo Ciro», dijo. Una trivialidad que me hizo explotar, no sé por qué, quizá porque la conciencia elige a veces caminos tortuosos para expresarse. Retomé el programa. Dije que daba por descontado que lo de «amigo» era una ironía y enfilé. Martes 3 de septiembre de 2024, para el registro:

—¿A un amigo se le insulta como me ha insultado usted, presidente? —Tomé vuelo al aire—. Usted no ha parado de insultarme en seis años. Yo no lo he insultado nunca. He señalado contradicciones suyas, he dicho que me parece desvergonzado que usted afirme que los servicios de salud de México son mejores que los de Dinamarca. Pero no lo insulto. ¿Amigo? ¿A un amigo se le persigue fiscalmente con amenazas de por medio, como usted sabe que su gobierno me persiguió? ¿Eso se le hace a un amigo? ¿Qué idea tiene usted de la amistad, presidente?

Luego solté la frase de la que, en abstracto, me arrepiento. Dije que terminaba el sexenio y seguía sin saber quién me quiso matar ni por qué:

—Por eso, se la dejo como pregunta —ataqué furioso—. ¿A un amigo se le dispara a la cabeza para matarlo, presidente?

La pregunta retórica, la afirmación indirecta, fue nota destacada y *trending topic* 24 horas, y más. De la presidencia, tan pagada de sí, llegaron las reclamaciones a la empresa, la queja de que cómo me había atrevido a hacer tal insinuación. Trescientos noventa y cuatro agresiones de él hasta esa fecha y enfurecían y amagaban con golpear por mi alocución, cierto, fuera de tono y temple. Así era ese teatro espantoso. Mi empresa me apuntaló. La respuesta de él al día siguiente, miércoles, fue iracunda: largos minutos para certificar que era un pacifista, que mi insinuación era una falta de ética, que nunca ordenaría matar a nadie, y que, pensándolo bien, yo era su adversario, no su enemigo, y que yo únicamente defendía privilegios míos y de quienes me pagaban, bla, bla. Y que no me persiguieron, sino que me hicieron un favor para que me pusiera al corriente en un adeudo fiscal, bla, bla. Mentiroso, alegó que hasta las gracias les di por el cierre de la auditoría del SAT. Tamaño de mentira. Escucharla para creerla.

Ese miércoles, Epigmenio Ibarra estaba en el programa. Epigmenio fue uno de sus defensores públicos más notables y uno de sus propagadores mejor equipados para el debate, muy cercano a él, colaborador del programa cada miércoles, y con quien, creo, las discusiones radiofónicas semanales marcaron época, a juzgar por las repercusiones y los comentarios que recibíamos. En las aulas se diría que protagonizábamos choques dialécticos que, en unos minutos, pintaban lo que se respiraba en la patria y mucho de lo que he escrito en este relato.

—Me sorprendió, porque tú nunca habías tenido esa posición —soltó con intensidad—. Y porque desde el punto de vista de la lógica, no resiste ningún análisis que el presidente estuviera implicado en tu atentado. Él hubiera sido el único que saliera implicado.

—Por no hablar de mí —lo rebatí con la elementalidad.

—Por no hablar de ti, por supuesto. Estoy hablando fríamente de un atentado así. Te pongo un ejemplo concreto, el de Chamorro en Nicaragua. Detonó una insurrección y provocó la caída de Somoza. No estoy comparando al presidente con Somoza y sé que las circunstancias son distintas. Pero ve la preocupación y acción inmediata del Gobierno y de las más altas autoridades del Gobierno por tu seguridad. Eso demuestra que lo tuyo habría sido la mayor crisis política de este gobierno. La mayor. Hubiera cambiado el rumbo del país.

—Qué sé yo.

—Te querían matar. Te hablé esa noche y te lo dije, porque vi las fotos con los tiros en tu camioneta. Y ya todos los autores materiales fueron capturados.

—Sí.

—Ahora, las razones por las cuales estos personajes actuaron en tu contra son más difíciles de averiguar. Primero, porque están en la cárcel y su vida no vale un cacahuate...

—Ninguna vida vale un cacahuate —manoteé.

—Su vida en términos reales —exclamó—. La vida de un sicario que habla y condena a su patrón es así. Igual que como te quita la vida, le quitan la vida. Esa es la regla. Perdón que hable con esta frialdad. Para mí tampoco ninguna vida vale un cacahuate. Lo que te quiero decir es que es difícil que puedan hablar, es difícil.

—Ya hablaron —me serví de mi ventaja informativa como víctima con acceso a los expedientes—. El 1, 2 y 3 de abril declararon los sicarios, los integrantes de la célula de ejecución, los que me dispararon. Ya acusaron y se acusaron.

—Los sicarios declararon, pero no el Patrón —me interrumpió con tino—. Desde mi punto de vista va a ser muy difícil que el Patrón lo haga, porque no tenemos los mecanismos que tienen en los Estados Unidos de cambio de identidad, de relocalización de testigos protegidos tan eficiente y que pueden desaparecer de la faz de la tierra a los personajes. Entonces va a ser difícil que se sepa la razón profunda y quién fue el autor intelectual de tu atentado.

Con los micrófonos abiertos, ante cientos de miles de personas, le dije que corregía la frase del día anterior.

—No tengo un elemento que pruebe que detrás del atentado estuvo el presidente o su gobierno. Tampoco sé quién me atacó ni por qué lo hizo. Por lo mismo, dejo abiertas todas las posibilidades, incluida la de él y su gobierno. Si la pregunta que hice ayer, porque se trató de una pregunta, fue tomada como una acusación de responsabilidad suya en el atentado, hoy afirmo que no lo estoy responsabilizando. Si así lo tomó él, le ofrezco una disculpa. Lo hago porque no tengo una prueba, un dato para saber quién fue. Pero, repito, como no sé quién fue, tampoco sé quién no fue y voy a mantener todas las hipótesis abiertas.

—Más que el presidente, fueron las redes sociales las que dijeron que fuiste durísimo con el presidente. Y fuiste durísimo. Y tú tienes una responsabilidad gravísima, porque eres un comunicador muy escuchado.

—Más allá de eso, no tengo elementos para acusarlo.

—Porque no los hay. Ya te puse elementos de lógica procesal y de lógica criminal para establecer que es absolutamente poco plausible la intervención del Gobierno federal.

—No se puede descartar porque sí.

—¡Es absolutamente descartable! Sería una locura, sería una insensatez. Lo primero que se establece en casos así es quién puede beneficiarse. ¿En qué habría beneficiado al presidente el asesinato de un periodista como tú, un periodista tan connotado como tú?

—Te puedo presentar a varios conocedores que no piensan como tú.

—¡Ya lo sé, hay mucho odio! Por eso lo que tú dijiste ayer encendió la yesca, fue la yesca que prendió el incendio. Tú culpaste al presidente.

—Quizá, como él me culpa en las mañanas sin nada que sustente sus acusaciones.

—Porque él tiene un debate contigo sobre lo que dices y cómo lo dices. Y tienes razón: has sido atacado sistemáticamente estos seis años. Y él también. Lo que el presidente hace se llama derecho de réplica.

—¿Qué replicaba ayer? ¿Qué replicaba hace una semana? ¿Qué replicaba hace un mes? Él ataca diga o no diga yo. Además, agradezco que me pongas en el mismo peso del presidente, como si pesáramos lo mismo.

—Frente a la audiencia y cuando se trata de comunicación en este diálogo que sí es circular, unos hablan en la prensa y él en la conferencia mañanera, y los dos tienen derecho.

—¡Hombre!

—Y ese derecho lo seguirá habiendo con Claudia. El diálogo continuará y la rispidez continuará. Y eso es saludable para la república. Así es la democracia.

Volví a decirle que la paridad periodista-presidente me parecía una desproporción en su categoría de democracia ruda. Y seguimos debatiendo; no nos pondríamos de acuerdo. Al terminar el programa, el directivo que se hacía cargo de las estadísticas de audiencia me llamó eufórico y felicitó, no por la discusión, sino porque acababa de recibir los números de agosto. Eufórico, también escribí en X:

Los números que nos acaba de hacer llegar la empresa marcan que *Por la mañana* [nombre de nuestro programa] ha sido el programa de noticias de radio más escuchado en cada uno de los 69 meses del sexenio. Gracias a quienes nos han acompañado en estas circunstancias, en estas inolvidables mañanas 2018-2024. ¡Gracias! ¡Nos falta septiembre! Ahí vamos.

Miércoles 4 de septiembre, agonizaba su gobierno. Él dijo al final de la Mañanera de ese miércoles que sabía lo que yo haría y dejaría de hacer a partir de octubre, que me iría a Madrid, y musitó: «Le deseo que le vaya muy bien».

Quise creer que ahí terminaba su ofensiva de seis años. Y, en efecto, ahí terminó, 27 días antes de que recogiera sus cosas y se marchara de su palacio.

* * *

En los números de septiembre conseguimos el mes 70 de 70 de mayor audiencia en México, el último que nos hacía falta para completar el sexenio. Nos mantuvimos de principio a fin. El 12 de diciembre, desde Madrid, anuncié que había acordado con la empresa dar por concluida la sección de opinión del programa, por lo que dejarían de participar nuestros estupendos colaboradores, entre ellos el de los miércoles, Epigmenio Ibarra, quien escribió que ello era a causa de una dura discusión que habíamos tenido una semana antes (una de las 15, veinte que protagonizamos en casi tres años) y que la rabia me había cegado. Se marcharían también el colaborador de los martes, expresidente de la Suprema Corte y asesor número uno de la presidenta Claudia en la compleja concreción de la reforma en curso al Poder Judicial, Arturo Zaldívar; y el de los jueves, Germán Martínez, el espectacular polemista, «de derecha», como lo estigmatizaba el oficialismo. Fin de un ciclo. De una época.

EL MEJOR PAÍS DEL MUNDO

Me equivoqué al suponer que en coro le gritarían «¡asesino!» por los 190 000 mexicanos ejecutados en sus seis años de gobierno, «¡asesino!» por los 300 000 que no debieron morir en la pandemia y murieron. O «¡ladrón!» por el cinismo con que negó y tapó negocios corrompidos que involucraban a sus hijos, hermanos, primos. Estaba equivocado al creer que, en un desquite por el altero de insultos recibidos, le tirarían un tomatazo a la camisa blanca, un huevo con harina que le emporcara el saco oscuro. Nos equivocamos constantemente al pensar que los demás se comportarán de una manera en situaciones que parecen estar mandadas a hacer para pasar a la historia, como era esa mañana del 1 de octubre de 2024 en el Congreso, en que Claudia asumió la presidencia de México y él se marchó. Los opositores lo tuvieron dos horas sentado en el salón sin molestarlo con una trompetilla, con un «¡buh!». La resignada capitulación ante el personaje fue una pintura y una metáfora de la magnitud de la derrota de ellos y de la victoria de él. Sin ánimo de combatir, claudicantes, los vencidos contemplaban al montón estridente, caricaturesco, mastuerzo de legisladores del oficialismo que lo indultaban con besos y alaridos por la faena de seis años y le ofrecían una paz que, con esa oposición desbaratada, quizá sería a perpetuidad. No tuvo adversarios de su tamaño que pudieran producir un desenlace distinto. Este era el desenlace.

Fuimos al Congreso a transmitir la ceremonia. Lo miré pasar por el vestíbulo, a unos 15 metros, encorvado, cojo, barrigón, viejo, distanciadísimo de aquel personaje de estampa que conocí en el Zócalo de la Ciudad de México tres décadas atrás, diciembre de 1994, entonces un hombre de 41 años que fumaba Raleigh amarillos, delgado, guapo; lideraba a cientos que, tras una semana accidentada de viaje desde Tabasco, su calurosa tierra, tendían carpas y desenrollaban escacharrados sacos para dormir en el frío de la plaza. Era una protesta por un supuesto fraude en su elección de gobernador. Los números registraban que él había sido derrotado por 15 puntos y 100 000 votos. No importaba, él afirmaba que lo despojaron y no aceptaría la imposición del adversario. Me presenté como reportero de mi periódico y quisiera recordar que me trató con un poco de simpatía, pero haciéndome notar que se sentía mal, le dolía la garganta y no tenía tiempo para mí.

Fui a recorrer el plantón bajo la iluminación navideña, varios tosían, como el líder. Escuché que faltaba comida. Un camión, además, se desbarrancó en la carretera, murieron tres de los tabasqueños que venían a pasar contaminados fríos con él. Volví minutos después a pedirle que me regalara un par de frases para la crónica. Miguel Bonasso, a quien ya referí, me enseñó desde temprano que, lejos del glamur, una tarea irremediable del reportero es mendigar: datos, revelaciones, primicias, frases, minutos. En esas andaba cuando se acercaron tres o cuatro personas de edad mediana. Uno, menos guapo, me dijo que era su hermano y lo acababan de asaltar al retirar dinero en un cajero en las orillas de la plaza, dinero para comprar jarabe para la tos, Desenfriol, ibuprofeno. Saqué mi cartera despintada y ofrecí pagar las medicinas; en pesos sería el equivalente a unos cinco dólares. Él movió la mano para que no cogieran el billete, aunque es posible que uno de los hombres lo desobedeciera y se lanzara a la farmacia, quiero recordar que eso ocurrió. Lo cierto es que la escena lo suavizó, me dio el par de frases que mendigaba para la crónica y ofreció que tuviéramos la entrevista en dos días. Cumplió. Amable, haciendo largas pausas entre los sustantivos y los verbos, entre los adjetivos y los calificativos, me explicó que la movilización pacífica sería siempre eficaz, por lo que el esfuerzo que estaban haciendo no sería en vano.

—¿En serio lo piensas, Andrés? —le pregunté por primera vez en una entrevista; le haría medio centenar en los años por venir.

—Si nos desmovilizamos, solamente habrá actos protocolarios, acuerdos cupulares, buenas relaciones allá arriba sin correspondencia con los de abajo.

—¿Qué quiere esa gente que pasa frío en el Zócalo, los que están ahora haciendo cola para que les sirvan un plato de frijoles?

—Que yo llegue al gobierno. Pero yo no puedo aceptar la gubernatura con un acuerdo que signifique una claudicación. No estoy luchando por cargos. Quiero democracia.

Recalcaba que la verdadera derrota sería claudicar, o hacer una mala negociación, o comprometer los principios, cambiarlos por cargos públicos. Yo trataba de entender lo que él pensaba y apreciar cómo lo decía. No era novedoso, pero con el timbre de él sonaba moderno, fresco.

—Tus adversarios dicen que no hay nada que negociar.

—Nosotros estamos apostando a la democracia. Eso es lo que ellos y el gobierno deben entender. Este es un movimiento por la democracia, no es de pobres contra ricos.

—¿Qué tan caliente está la gente?

—Muy molesta. Puede haber desbordamientos. Pero no dejamos de insistirles que puede haber un acuerdo político. Queremos una salida legal y jurídica.

No claudicó y no sé qué tanto lo intuyera treinta años atrás, pero esa voluntad y tenacidad que él sabía acentuar muy bien, esa razón mezclada con trabajo y la pasión con la que predicaba, comenzaron a traspasar los diques cariados del régimen obtuso y engreído, donde pocos miraban en él a un líder que pudiera provocar grandes acontecimientos. Los hechos probarían (así lo narré por años, al grado de que él me consideraba un periodista «amigo») que la multiplicación de sus palabras, gestos y acciones simples iba formando un catecismo que terminaría por perforar las piedras. Un catecismo fácil de memorizar: que se acabe la corrupción, que se acaben los privilegios producidos por la corrupción de los de arriba en contra del pueblo; el pueblo es sabio, no se va a equivocar; nosotros estamos con el pueblo, nosotros sabemos traducir al pueblo, nosotros somos el pueblo.

—¿Qué es el poder? —me despedí esa mañana de diciembre de 1994.

—El poder no es Palacio. El poder es la gente, la autoridad moral.

Claudia invirtió copiosos minutos para elogiarlo en la ceremonia de transmisión de poder en que se retiró como presidente sin que los opositores políticos lo incordiaran, fastidiaran. Aventuró que era el mejor presidente en la historia de México, abrió la porra emblemática en que se gritaba ruidosamente que era un honor estar con él, aventuró que él siempre viviría en el corazón del pueblo, porque con él lo primero habían sido los pobres, y prometió que les daría continuidad a todos los programas y principios trazados por él. Él. Ella lo siguió elogiando durante las primeras semanas, pregonaba que su obra y legado convirtieron a México en el mejor país del mundo, cuando, a lo más (de acuerdo con indicadores de los principales centros de medición y evaluación internacionales y nacionales durante 2024) éramos el noveno exportador de mercancías del mundo, pero ocupábamos el antepenúltimo lugar en desempeño en matemáticas entre los 37 países de la OCDE; teníamos el sitio 140 de 180 países en percepción de corrupción; en la OCDE marcábamos la cobertura más baja de salud entre los países miembros y aparecíamos antepenúltimos en educación; éramos número noventa en calidad de la democracia y cinco en obesidad; 3/4 partes de los mexicanos que nacieron en un hogar pobre permanecían en esa situación en 2024; siete de las diez ciudades del mundo con las tasas de homicidios más altas eran mexicanas; cada día se registraban en nuestro territorio ochenta homicidios y ocho secuestros; y se sumaron 50 000 personas desaparecidas durante el sexenio de López Obrador; las fiscalías estatales reportaron haber hallado 4 565 fosas comunes entre 2007 y 2023; 4 708 crímenes en 2024 fueron cometidos con violencia extrema, fueron atrocidades; teníamos la posición 66 en PIB per cápita y el cuarto país más pobre de América Latina; seguíamos siendo el país más peligroso para hacer periodismo fuera de zonas de guerra; más del 90% de los delitos no se resolvían, éramos el tercer país con la peor calidad de aire en América Latina. En algunas zonas y sectores podríamos no ser un país en trizas, era verdad y puedo dar testimonio, pero no éramos el mejor país del mundo cuando él se retiró. Éramos uno peor al de 2018, y al México desmedrado de 1994, cuando lo conocí. Me limito a los indicadores.

Ya sin la banda presidencial en el pecho, sus legisladores que lo seguían idolatrando como al becerro de oro, lo condujeron en tumulto a la puerta de salida del Congreso para entregarlo a la escolta militar. Los guardias lo subieron a un auto. Se fue del Palacio Legislativo y de la transmisión de televisión. *Fade out.*

EL AUTOBÚS 27

Recuerdo ligeramente las tres semanas que siguieron a su retirada, pasaron con una velocidad extrema. Claudia no se metió conmigo, los propagandistas me soltaron, me sometí sin tensión a la nueva trama. Entré en un modo de continuidad, apenas entusiasmado por ver, sentir y contar lo que ocurría. Deambulé, empaqué, conviví, me despedí. Di las prometidas entrevistas sobre mi historia reciente a los mejores entrevistadores de semblanza que me habían esperado por meses, pero creo que en ninguna agrupé de manera clara las ideas y sensaciones de lo que padecí y gocé en estos dos años; me incomodaba tanto protagonismo.

Yo estaba por comenzar un recorrido de reconstrucción al que le sentaría mejor el bajo perfil, fantaseaba con el deseo de que al vivir en el extranjero me olvidarían, pero ahí estaba, hablando de mí y de mi partida. Conforme a los planes, el jueves 17 de octubre de 2024, en que nuestro canal, Imagen

Televisión (que ayudé a fundar), cumplía ocho años de transmisiones, dirigí y conduje mi último noticiero de televisión, satisfecho, con la creencia de que produjimos una de las mejores crónicas televisivas diarias sobre las penurias del país y los mitos, mentiras y leyendas del régimen; de que contamos la historia noche tras noche. Tres horas antes del programa, Christian R. Bucio, el productor en jefe, fue a mi oficina y me pidió que lo acompañara al inmenso vestíbulo de las instalaciones en donde estaba encendida una enorme pantalla las 24 horas del día. Ahí me esperaba todo el equipo. Pusieron una silla para mí ante la pantalla de 4.5 metros de largo y 3.5 metros de alto y me rodearon de pie en semicírculo para que no me distrajera en los treinta minutos que duraría el video que prepararon para recuperar ocho años de crónicas, polémicas, primicias, réplicas, imágenes, anécdotas, emociones, angustias, victorias que conseguimos juntos. Contaron nuestra historia con belleza, mostraron en sus palabras cariño y gratitud hacía mí, una representación mía que fue un regalo de la vida, fue un sueño. Los ocho años habían tenido sentido. Aplaudimos, nos abrazamos, lloramos un poco. Algo similar ocurrió la mañana siguiente en la radio. Al terminar el programa, los compañeros de las áreas de ingeniería, continuidad, producción, intendencia formaron un paseíllo, me aplaudieron y abrazaron. Les aplaudí, los abracé. Había valido la pena sobrevivir.

Conforme a lo planeado, el domingo 20 de octubre volé a Madrid. Aterricé, diría Jorge F. Hernández, prosista de aquí y allá, como un viajero frecuente que despierta en los vuelos trasatlánticos sin saber a sueño cierto si va o viene. Al mediodía del miércoles 23, también según los planes, caminé cinco minutos desde el departamento que rentaba en el barrio de Salamanca, crucé el paseo de Recoletos y, enfrente de la Biblioteca Nacional de España, tomé el autobús de la ruta 27 que, por sesenta centavos de euro y en 12 minutos, y luego de pasar por las glorietas de Cibeles y Neptuno, el Museo del Prado, el Jardín Botánico, la estación de Atocha, el Museo Reina Sofía y el Teatro Circo Price, me dejó en la glorieta de Embajadores, en los límites del barrio de Lavapiés. Caminé 400 metros por la acera de sol y, en un pequeño, funcional y grato estudio comencé a transmitir para México el programa de radio de las mañanas. Así lo había acordado con el siempre amistoso, solidario y generoso Jaime Azcárraga, mi jefe y dueño de Radio Fórmula, cuando me convenció de que no me retirara aún, que difundiera desde allá, que sería sencillo hacerlo, e hizo todo para que fuera posible en las mejores condiciones. No sé si era lo que deseaba para reducir el protagonismo y recuperarme física y anímicamente, pero ya estaba en Madrid, trabajando. Y estaba bien.

Desde Madrid narré el impresionante despegue del gobierno de Claudia, el avance arrasador que en 75 días consumó las troglodíticas reformas diseñadas por él, incluida la transformación de la Suprema Corte de Justicia en un mazacote de timbre populista. Lo justificaban en nombre de la democracia, recordando que la mayoría de los ciudadanos, el pueblo, había votado para que eso ocurriera. El pueblo.

«Populismo» —escribe Antonio Scurati en el primer libro que leí en este Madrid— es una palabra vaga y genérica, utilizada a menudo de manera imprecisa, a veces incluso equívoca; una palabra-amuleto a la que recurrimos como forma de exorcismo lingüístico cuando nos encontramos ante una realidad esquiva e inquietante, fantasmal y amenazadora.

También conforme a lo planeado, una semana después de aterrizar comencé a escribir en *Excélsior* —el diario propiedad de la empresa de televisión donde trabajé por ocho años— una columna breve que se publicaría de lunes a domingo, los 365 días del año. Regresaba al periodismo escrito, eso me ilusionaba. Titulé la primera columna: «Un mes en su escondite». Estaba por cumplirse el mes de su salida del poder y nada habíamos sabido de él, ninguna declaración, cero fotos, ni un *post*. Adapté del borrador de este relato, copié de este proyecto de libro:

Así es que, independientemente de lo que haga y planee, y de en qué habitación se esconda, sigo creyendo que por su capacidad reflexiva o lo que fuere, se hundirá en la fase de poder en que no se progresa, por el contrario. Y que lo menos dañino para él sería apagarse en una finca de días mojados, bochornosos, según el meteorológico, porque de no encerrarse, ¿en dónde podría aparecer sin que le gritaran viejo mentiroso, viejo cabrón?

Sus acólitos y lanceros digitales enfurecieron con el texto y arremetieron. Con la quietud que me daban las caminatas largas, solitarias, creí entender que cada escrito sobre él sería un verso satánico para ellos. Me acusaron de haberme ido a esconder a Madrid para insultarlo a placer y conspirar, una exageración predecible, si bien era verdad que con «Un mes en su escondite» yo lancé una contraofensiva, por nombrarla de alguna manera. En la prensa y la radio comencé a hacer la revisión de su gobierno, un desastre envuelto en una enorme popularidad y un talento organizativo para no volver a perder una elección. Nunca más un Zócalo como el de 1994, cuando lo conocí.

A los pocos días de llegar a Madrid encontré una nota en la prensa local, fechada en Barcelona: «Asesinado de un tiro en la nuca un histórico estibador del puerto de Barcelona». Lo mataron una mañana mientras desayunaba en la terraza de un café en Montgat, aquí también mataban:

El hombre, que ya no trabajaba en el muelle desde hacía una década, según fuentes portuarias, ha fallecido de un disparo en la nuca, sin margen para defenderse. Todas las hipótesis apuntan a un ajuste de cuentas, según fuentes policiales. Ha sido asesinado después de dejar a su hijo en una escuela privada, a 50 metros del lugar del crimen.

Fue en Barcelona, pero, si los que me quisieron matar aseguraban que el cártel más poderoso del mundo los contrató para hacerlo, a alguno debería tener ese cártel en el gran Madrid de siete millones de habitantes, si es que aún quisieran matarme. Uno que, digamos, se camuflara entre los africanos negros y los marroquíes que a media tarde vendían fayuca, y puede ser que droga, en una de las plazoletas de la glorieta de Embajadores, fin del camino de ensueño que era la ruta al sur del autobús 27, en donde descendía para caminar 400 metros al estudio de radio. Uno que, como el que ajustició al Jefe Milton en Coacalco, o al estibador retirado en Barcelona, no fallara, corriera rápido y se mimetizara en esta ciudad blanca donde la gente camina, sonríe y celebra los 365 días, la ciudad en que según el cronista Julio Camba, la gente «invierte todos los días tres o cuatro horas en el acto de abrirse el apetito, y cuatro a cinco, por lo menos, en el acto de cerrárselo». Pero, lo he dicho, a los 67 años no cedería a mis paranoias ni pondría pretextos. En todo caso, como escribió mi hijo en el guion de un corto que se estrenó en México en aquel vibrante 2024, «la muerte nos engaña para prepararnos».

BUSCA AL TARJETAS
Y VUÉLVELO A HACER

El Patrón declaró el 14 de noviembre de 2024, cuatro meses y diez días después de la audiencia en que lo vincularon a proceso, lo dejaron en la cárcel y lo conocí.

El finalmente estéril paro de dos meses de trabajadores, jueces y magistrados federales en contra de la reforma judicial, que el expresidente y Claudia alentaron y abastecieron como una ineludible guerra santa contra la corrupción, retrasó decenas de miles de sentencias, resoluciones y audiencias, entre otras la de Armando Escárcega Valdez, el Patrón, quien al declarar reprodujo el guion del Bart, *Pool* Pedro y ellos, y que se puede condensar en el armazón romo de que, a través de la célula de ejecución que formaron en la Ciudad de México, unos jefes del Cártel Jalisco me habrían mandado matar. Se defendía con la retahíla de que no lo había planeado, de que las circunstancias lo atenazaron. Pidió el criterio de oportunidad, cooperar con información relevante para esclarecer lo ocurrido. Se comprometió a aportar datos y hechos esenciales y eficaces para que se persiguiera un delito más grave del que se le imputaba, la asociación delictuosa agravada. Pero, por lo que terminó declarando, el Patrón no parecía estar dispuesto a agregar información valiosa, o la desconocía. Al menos eso entendimos en aquel momento.

Se presentó con el abogado Raymundo Álvarez, quien cuatro meses y diez días atrás me dijo que su defendido quería hablar conmigo para decirme que no había sido algo personal, que se trató de un negocio, que el negocio era matarme y ya. El agente ministerial caracterizó al Patrón con estas palabras: «Tez morena clara, cejas grandes pobladas, nariz mediana, boca mediana, labios medianos, orejas medianas, cabello corto de color cano, ojos medianos oscuros, con barba y bigote, sin que a la vista tenga algún tatuaje o cicatriz como seña característica». Manifestó haber nacido en 1969, 12 años después que yo. Un 10 de octubre, como yo. Era libra, como yo. Quizá dudaba en el momento de tomar decisiones y le daba importancia a los gestos mínimos, como yo.

Afirmo que su relato fue romo, sin punta ni filo, porque para ese noviembre de 2024 su versión era predecible, con ausencia de información esencial y eficaz que nos acercara convincentemente a la respuesta a la doble pregunta que buscábamos desde el día uno: ¿quién me mandó matar y por qué? Reprodujo lo que habíamos escuchado *ad nauseam*: que en 2018, estando preso por extorsión, conoció a *Pool* Pedro en la cárcel. Lo novedoso sería que lo conoció jugando frontón en el penal, supongo que frontón de mano, mixteco. Sin apartarse del argumento conocido, sumó que, al salir de la cárcel en 2019, y como no conseguía emplearse en lo suyo —la abogacía— «decidí poner un establecimiento en la Feria de San Marcos, en el estado de Aguascalientes» (vender ilegalmente alcohol en empaques de golosinas congeladas). Procuró el apoyo de un policía de apellido Cuevas, quien le dijo que buscara a un oficial de apellido Covarrubias Alba para obtener las indispensables recomendaciones criminales. Congeniaron al punto de que Covarrubias Alba lo llevó con una persona que decía ser cuñado del Mencho y, por lo mismo, era el responsable de otorgar los permisos en la Feria de San Marcos. Adjudicándose la presteza, talento y porte de las estrellas de las series medianas de Netflix, el Patrón contó que en ese mundo de policías penetrados y empresarios delincuentes,

y debido a la amistad que generé con Covarrubias Alba, me invitó a un rancho en la punta del cerro, llegando a través de una desviación de 10 kilómetros antes de llegar al pueblo de El Grullo, en el estado de Jalisco; se pasan varias rancherías, había gente armada, un palenque hechizo donde hacían peleas de gallos, había mucha gente, aproximadamente cien personas, entre ellas Covarrubias Alba me presentó a una persona de nombre Fidel, alias el Pluma, o el Plumas, quien tenía una altura de aproximadamente 1.70 metros, joven de aproximadamente 30 años de edad, bigote escaso, cabello lacio color negro. El oficial Covarrubias Alba me refirió que Fidel era secretario del señor, haciendo alusión al Mencho.

Lo que sigue en la declaración es un eslabonamiento de vicisitudes repleto de recursos, códigos, claves telefónicas, *apps* secretas, pasajes clandestinos, embudos, que en un principio mis abogados y yo consideramos engañabobos y conducían a un clímax sin sorpresa que, en mi estado, consideré irrelevante. Y falso, por incompleto:

- El Patrón se habría ganado la confianza del Plumas, quien le dio valor de asesor jurídico y encargó litigios delicados de los que siempre salió airoso.
- Pasaron a pagarle con drogas y armas.
- Para poder vender la droga y las armas se acordó de *Pool* Pedro, su compañero de celda y frontón, y lo encontró en la Ciudad de México.
- Le pidieron matarme y echó mano de sus vendedores de droga y arma, reconvertidos a las carreras en sicarios.

El desenlace es la historia que *Pool* Pedro, el Bart, el Yeyé y el Dedotes contaron en abril de 2024, con el añadido de que, en noviembre de 2022, el Plumas citó al Patrón en un poblado

cercano a Guadalajara para informarme que tenía un trabajo para darle un susto a alguien, que si conocía a quién pudiera realizarlo en la Ciudad de México; le dije que me dejara ver y le avisaba; me regresé a la Ciudad de México, contacté a Pool a través de la *app* Threema, nos vimos en un Starbucks de la calle de Montevideo; tres días después le regresé la llamada a Fidel y le comenté que había encontrado a quien se podía interesar en realizar el trabajo, por lo que me citó en Guadalajara, en un restaurante de tacos, que está a tres minutos de la Plaza Altea, cercana a la Puerta de Hierro; al llegar con Fidel me dijo que había que matar a Ciro Gómez Leyva.

Por la *app* Silent, Fidel, el Plumas, le habría enviado una foto mía y mi domicilio. El Patrón reseñó el conocido adiestramiento del Bart, el Yeyé y el Dedotes en el campamento de Ciudad Guzmán. Agregó que el Plumas les pagaría a los tres sicarios «un total de doscientos mil pesos por matarme, el resto lo entregaría en una próxima cita que les daría a los muchachos, sin que a mí me ofreciera nada». Sin que a él le ofrecieran nada. Su negocio por matarme sería subir de escala en el grupo criminal, quiero entender.

El Patrón aseveró ante el ministerio público conocer que mi camioneta estaba blindada, que me ejecutarían de noche, dispararía el Bart y Hazael —el Haza— manejaría la motocicleta. Concluyó así:

Pool me llamó entre las 11:00 y las 12:00 horas del 15 de diciembre. Me comentó que ya habían quedado hechas las cosas y le dije que le informaría inmediatamente a Fidel. Después de unas horas me marca Fidel a través de la aplicación Silent para decirme que quería hablar conmigo urgentemente y por eso me fui a Guadalajara [lo hizo por carretera en la madrugada, así consta en el cobro de los *tags* hallados en su camioneta]. Una vez que empezaron a difundirse las noticias de los hechos del periodista Ciro Gómez Leyva, me comuniqué con Pool vía la aplicación Threema y le referí que se fuera de donde estuviera porque lo iban a detener, ya que estaba en todas las noticias, que tirara todos los teléfonos: le dije que se fuera al hotel donde estaba el lago, Michoacán, refiriéndome a Tangancícuaro.

Fracasaron, todo les había salido mal. A la una y media de la tarde del viernes 16 de diciembre de 2022, cuando yo pude acostarme a dormir una siesta de una hora en mi departamento en la colonia Florida, el Patrón cuenta haber llegado a la Plaza Antares de Guadalajara para encontrarse con Fidel, el Plumas:

Nos sentamos en una banca, me gritó, me dijo que éramos unos pendejos, que las cosas no habían sido hechas como me habían indicado, refiriéndose a que no habíamos matado a Ciro Gómez Leyva, comentándome que el trabajo se tenía que realizar de nuevo, que debía comunicarme con una persona a la que le decían el Tarjetas, y de quien sé tiene su casa principal en un pueblo mágico que está en San Mateo, el que está cercano a Lerma, en el Estado de México, ya que lo había conocido en las comidas que frecuentaba en Guadalajara. Sin embargo, por temor a mi integridad, ya no me comuniqué con dicha persona, con el alias el Tarjetas.

Si hay verdad en el recuento, el Patrón estaría despejando la incógnita de por qué afirmó cuando lo detuvieron en California que, si regresaba a México, lo matarían. El verdugo sería Fidel, el Plumas. Lo despacharía por desobedecer la orden de encontrarse con el Tarjetas para reemprender la misión de acabar conmigo. De ser cierto eso, ¿el Plumas y su banda de asesinos irían por mí nuevamente o habrían desistido? ¿Mi ajusticiamiento tendría fecha de caducidad? De ser eso cierto, ¿el Plumas y los de Jalisco se la jugaron con una pandilla de chilangos segundones recomendados y manejados por un abogado que, a diferencia de ellos, no se especializaba en ejecutar? ¿Me querían matar? ¿Por qué me querían matar? ¿Porque, como dijeron, los tenía hasta la verga? ¿Hasta la verga de qué? Si no me querían matar, sino mandar un mensaje, ¿qué mensaje fue? ¿Por qué ellos, los del cártel más temible del mundo, no reivindicaban el atentado? De ser ciertas las palabras del Patrón, ¿la autoridad perseguía ya al Plumas y al Tarjetas? Si daban con ellos, ¿irían después por el Bolígrafo y el Lapicero?

Comprendiendo que no era dueño de su destino, y después de reunirse con «la manada sumisa» en el Toks de la carretera el 31 de diciembre de 2022 (desconocían que Omar y Milton los tenían en el visor), el Patrón, el pastor, el abogado, el cerebro de la fallida célula de ejecución, él, Armando Escárcega Valdez, cuenta que se subió a su camioneta y manejó tres horas a Irapuato para pasar la Nochevieja con su expareja. El 1 o 2 de enero de 2023 condujo dos horas a Tangancícuaro para felicitar por el año nuevo a sus tías y aprovechó para conversar con el clandestino Bart, «a quien le referí que tuviera cuidado, toda vez que ya lo estaban buscando, y que no regresara a la Ciudad de México hasta que le fuera indicado».

Cuenta que durmió en la casa de sus abuelos, que el 3 de enero regresó a la Ciudad de México y que el 4, para evitar ser capturado, como pulcramente diagnosticaría con su irreprensible gramática meses adelante la fiscal Tara McGrath, tomó un vuelo matutino a Tijuana, «desde donde me crucé al estado de California, en los Estados Unidos, por la garita del Cross Border Xpress».

Es cuanto.

TERCER EPÍLOGO

Pasé solo el domingo 15 de diciembre de 2024, segundo aniversario del ataque. Desayuné temprano en la calle Ortega y Gasset un *croissant* horneado de jamón y queso Edam y un gofre con miel y nata. Caminé largo, sin perturbaciones, a soleados 8 grados centígrados de mediodía, por el parque del Retiro escuchando el disco *Gratitude*, de Mary J. Blige, no por la efeméride, sino porque una lista de lo mejor de 2024 que se publicó ese fin de semana lo destacó en hiphop y R&B. En la noche fui al magnífico Auditorio Nacional de Música a escuchar la interpretación de la Orquesta Clásica Santa Cecilia y coro a la *Novena sinfonía* de Beethoven que, según el texto en el boleto electrónico que compré con semanas de anticipación, celebra la unidad de la humanidad. De regreso a mi departamento, ocho minutos en taxi, retoqué y envié mi columna. Fue sobre el *Mayo* Zambada y los tres meses de guerra que las fracturas en el otro cártel más poderoso del mundo desataron en Culiacán. «El Mayo nos cuida», la titulé.

Partía de una frase de otros tiempos de mis amigos culiacanenses con la que justificaban por qué su ciudad, capital de Sinaloa, era relativamente pacífica, y de una fotografía publicada en la mañana en la portada de *Excélsior*: tres niños con uniformes, gorras y *spikes* de beisbolistas, pecho tierra en lo que debería ser el *dugout*. El pie de la foto describía que jugadores de una liga infantil corrieron a resguardarse tras escuchar disparos cerca del campo de juego en la colonia Country Tres Ríos del martirizado Culiacán. Los niños tuvieron suerte, pero en el ataque murió un hombre. Culiacán, Sinaloa, México, a 10 000 kilómetros de mi departamento en el barrio de Salamanca. Deseé regresar a contar esas historias desde mi país y calculé hacerlo a finales de enero de 2025.

Medianoche del 15 de diciembre, ¿cuál era el saldo? Catorce personas de la «célula de ejecución» fueron encarceladas, ocho hombres, seis mujeres. Cuatro de las mujeres habían salido de prisión por la vía del juicio abreviado, sentenciadas por asociación delictuosa. Una seguía presa por acusaciones que ya no tenían que ver con lo mío. La otra optó por ir a juicio; y estaban los cinco hombres acusados de tentativa de homicidio, entre ellos el Bart, que ese domingo 15 alcanzó la gloria súbita del estrellato viral, multiplicado, retomado, citado, demonizado por millones, referenciado por criminólogos y psicólogos, porque la noche anterior —la del sábado 14 en que mi calle en Madrid, Jorge Juan, se convirtió por un solo día en un primoroso mercado de nochebuenas y árboles de Navidad, y aproveché para comprar el mío en la puerta de mi casa— Saskia, mi amiga, en lo que me dijo era un regalo para mí, pero era infinitamente más, subió a sus plataformas un testimonio fuera de serie. Ella decidió difundir en sus redes fragmentos de la entrevista que ustedes han leído aquí con el hombre que me disparó y juró, y ahora lo sabían millones: que no se arrepentía ni me pediría perdón por haberme tratado de matar.

El Bart, metamorfoseado ante la cámara y las preguntas de Saskia en un personaje interpretado por Joaquin Phoenix, en el amoral *Joker* al que pocos del otro lado de la pantalla, supongo, se atreverían a dar por vencido en su desvarío. ¡Por qué no pensaste en irme a matar al estudio durante una entrevista en vivo, Bart! A Saskia le dijiste que yo era un periodista amarillista, el público no se habría compadecido cuando en un humeante cara a cara me dieras un balazo, un tiro fácil con tu Baby Glock y tus balas viejas, un tiro y acabarías conmigo para consagrarte, «México mágico». Adiós, Bart. A ti que crees en Dios, que Dios te bendiga. Te cuento, por si no lo has leído, que la terapeuta del estrés postraumático me preguntó si te odiaba o despreciaba por lo que me hiciste. Por Dios que no, le contesté y ella, por única vez, pareció sorprenderse con mi respuesta. Me habrías ejecutado limpiamente, un profesional que me habría matado sin humillarme. A tiros, no a puñaladas, como contaste, y luego ya no, que apuñalaste hasta la muerte al motociclista original, al David, o el Davies.

Cinco hombres acusados de tentativa de homicidio —decía antes— solicitaron también el juicio abreviado que, lo digo por última vez, consistía en reconocer la culpa a cambio de recibir la pena mínima de ley. Dos años y nosotros ni siquiera habíamos decidido si lo íbamos a conceder y a cambio de qué.

Volví unas semanas a México para pisar y palpar a mi país y atender asuntos, como este; si tenía suerte iría y vendría, podría alargar la vida yendo y viniendo. Los fiscales me hicieron ver en una reunión a finales de febrero la corpulencia criminal del Plumas y el Tarjetas. Me recomendaron buscar en las *playlists* de Spotify los corridos tumbados y corridos bélicos sobre el Plumas. En el del superestrella Natanael Cano no encontraría ya la apología del personaje porque, según los fiscales, había sido mutilada. Pero descubriría diversos corridos con el título «El Plumas» basados en las hazañas y pendencias de un personaje del narcotráfico y el crimen en el cosmos jalisciense. Uno era de 2022, lo interpretaba el exitoso Junior H. Otros dos eran de 2024: uno de Remp y El Primo, otro, muy crudo, de Víctor Mendivil. Escuché y me aprendí un cuarto corrido, de Netón Vega con el ídolo de Caborca, el famoso Luis R. Conríquez, lanzado en agosto de 2024, veinte meses después del atentado. La canción alcanzó el lugar 36 en la lista de *hits* latinos de Billboard:

A mí me dicen El Plumas,
pa que estén con el pendiente.
En Guanatos y en Vallarta cargamos un putero,
un putero, un putero de gente [...]
Ahora, puro hacer billete,
y en una blindada les asomo el pinche,
el pinche Rolex Presidente.
Somos de los más buscados,
ay, cómo le han batallado [...]
Pa que lo sepan, no andamos jugando;
las cuatro letras siguen funcionando.
Bajo perfil, por eso hemos durado,
sigue rifando el señor de los gallos [...]
Si se puede, armamos fiesta,
un DJ nos pone ambiente.
En un tiempo no hubo nada,
y ahorita hay de todo, pero siempre, siempre,
eso está más que presente [...]
A Menchito lo seguimos esperando [...]
Don Julio y Gallero, estamos al llavazo;
la mera verga, tres habrá pa rato.
Bajo perfil, por eso hemos durado,
Sigue rifando el señor de los gallos.

Las fuerzas armadas se limitaron a informarme que el Plumas tenía treinta y tantos años y era de los líderes en la zona de Vallarta. Y aunque media población se ufanaba de ser cuñada del Mencho, parecía verdad que el Plumas formaba parte del núcleo del señor de los gallos. Nadie, sin embargo, conocía o quiso revelar su nombre completo. Me quedo con Fidel, el Plumas.

Julio César Montero Pinzón, el Tarjetas, sí era público. Y poderoso. Las autoridades mexicanas lo encuadraban como jefe del cártel, no más, no menos, que en la meca, en regiones de la plaza de Jalisco. Se le buscaba, entre otras gestas, por haber sido el encargado de preparar y coordinar a 35 sicarios en el fallido atentado de junio de 2020 contra Omar en Las Lomas, Ciudad de México. Reclutaba sicarios que no tuvieran mucho que perder. Según el Gobierno de Estados Unidos, el Tarjetas —o el Montero— seguía siendo en 2024, junto con la Gallina, líder del Cártel de Jalisco en Puerto Vallarta. «Bajo perfil, por eso hemos durado, las cuatro letras siguen funcionando».

De esos dos personajes parecería haber huido el Patrón tras el fracaso. ¿Cuánto serían inventos a conveniencia o invención propia del metarrelato de la época, de los corridos bélicos de nuestra tercera década del siglo XXI? Pero si en verdad el Patrón se había sometido a ellos en ese mundo, conocería que para cerrar misiones que se supondrían exclusivas de asesinos que saben matar mejor que nadie, sus amigos de Jalisco acostumbraban subcontratar gatilleros de los que nadie se acordaría y a los que pudieran desaparecer sin dificultad. ¿Quién se acordaría del Bart o el Yeyé? ¿Quién se acordaría del Patrón si el Plumas y el Tarjetas determinaban disolverlo en ácido, trozarlo, cremarlo en un rancho de Teu-chitlán, o tirarlo en una fosa por Ciudad Guzmán o cualquier lugar del México del exterminio? De esos dos habría termi-nado huyendo, según esto. De quien le dio la orden de volver a intentarlo y de quien se encargaría de que en el segundo intento no se fracasara. ¿Estábamos, pues, en una pausa que el Plumas y el Tarjetas podrían dar por terminada cuando lo necesitaran o se les antojara, después de completar análisis rebuscados, o durante un jale con «botellas y chocohongos», como cantan Netón Vega y Luis R. Conríquez?

El primer lunes de marzo de 2025, una semana antes de que regresara a Madrid por una larga temporada, me reuní con los tres Javieres para preparar la audiencia del 31 de marzo en que el Bart, *Pool* Pedro, el Yeyé, el Dedotes y el Haza deberían formalizar ante el juez Perrusquía la solicitud de ir al procedimiento abreviado. Acordamos concedérselos y se los hicimos saber antes de la audiencia. Los Javieres su-girieron aceptar asimismo que se les impusieran las penas mínimas, unos 11 años para quienes no tenían gran cosa que aportar. La fiscalía nos proponía que el Bart fuera excepción y enfrentara una sentencia de 14 años por sus contradiccio-nes, o las mentiras con las que enredó la historia. ¿Mentiras? No sé, no sé, le debo mucho a su narración.

Don Javier Coello Trejo nos dijo que por más que conta-ran el Patrón y el Plumas, no había razón para creer que un cártel de ese tamaño decidiera matarme, porque esos cárte-les no matan porque sí: matan cuando se sienten robados, traicionados, o cuando alguien especial, a quien le deben favores, se los pide. Y en ese alguien de don Javier, quizá el mejor persecutor de las agrupaciones de narcotraficantes que haya tenido el país, renacía la hipótesis del crimen de Estado, el *one shot, one opportunity* que rechacé hasta el último momento, lo he dicho, no por falta de deseo de que esa fuera la conclusión, sino porque seguíamos sin tener cómo probarlo. ¿O todo esto habrá sido una tremenda confusión, un incidente sin sentido?

Lo cierto es que, en los días y semanas más sombríos para mí, en las horas de mayor incertidumbre y complejidad después del atentado, él, el presidente, percutió sobre sus dogmas y me calumnió repetidamente. Fue miserable. Ante esa situación preferí dejar de descifrar si lo que vociferaba eran actos reflejos, urgencia de controlar el mensaje que los disparos a mi cabeza desarreglaron, o si sencillamente eran disparates que manaban de un burbujeo de consignas e improvisaciones. Dos años y medio después discurro que se trató de eso: urgencia y disparate. Y ponzoña, construida y alimentada. Ponzoña pura. Toxinas para malquistar, para enemistarme con sus fieles, con los inciertos, los retraídos, los tímidos. Pero, y lo he dicho varias veces, él, quien quizá jamás enfrente un procedimiento abreviado, un juicio por sus cientos de miles de muertos, tampoco me pudo matar. Que Dios lo bendiga. Y que se vaya al diablo.

En cuanto a mí, cierro este bosquejo de una trama ambulativa en donde varias formas de fatalidad fueron sorteadas.

Las tentaciones de escribir un relato pornográfico, extremo, sin misterio y falta de pudor, con morbo y desenlace, son grandes aún. Pero me someto a los acontecimientos de esta ficción sin ficción y dejo su parte a la incertidumbre de las averiguaciones imposibles y los enigmas no resueltos. Los traumas estaban ahí antes de mi primer, segundo y tercer 15 de diciembre. El país ya estaba destrozado por el crimen y el desconsuelo, y México era ya uno de los espacios más peligrosos del mundo para los periodistas, ya mataban a policías investigadores y casi nunca se capturaba a los auténticos patrones de los sicarios. Ahí estaba el canalla que abusaba desde su poder y mi deseo de contrapuntearlo, y de vivir una temporada extra para poder seguir caminando. Si se mira a las cosas así, solamente estoy contando con la ventaja que da la primera persona una historia con información verificada y verificable, y también plagada de invenciones; una serie de relatos realistas por las angustias y sufrimientos de los agredidos, amenazados, perseguidos y encarcelados, pero insensato por sus delirios, temerario para el sentido común. Todo ya estaba ahí y ahí sigue.

Apago preguntando: ¿qué en ellos, en él, en el país, en mí, cambió de manera significativa? ¿Cuál fue el sentido de todo esto?

No lo sé. Pero en un epílogo qué más da, ya qué más da cuando la vida, este privilegio de vida, sigue unos metros, unos pasos, unas páginas más.

Bienvenido al epílogo del epílogo. Faltaba más.

SI DE CEÑIRSE A LOS HECHOS SE TRATA

En la audiencia del lunes 31 de marzo de 2025, en el centro de justicia del Reclusorio Norte de la Ciudad de México, los abogados de *Pool* Pedro, el Yeyé, el Bart y todos ellos informaron finalmente a los fiscales y a mi abogado Javier Esquinca que solicitarían el procedimiento abreviado. Les confirmamos que, aún con reservas, lo concederíamos. El juez Perrusquía dio 15 días para que nos pusiéramos de acuerdo en los plazos de la sentencia que le propondríamos para que pudiera dictarla. Ellos hablaban de ocho o nueve años para los acusados de tentativa de homicidio, pero la fiscalía y mis abogados consideraban que entre 11 y 12 sería lo justo, excepto para el Bart, quien debía purgar 14. El Tío Chetos y David Berlanga, acusados solo de asociación delictuosa, podrían obtener seis años, un término que, por el tiempo transcurrido y su buena conducta durante la reclusión, podría ponerlos pronto en libertad. Si no llegábamos al acuerdo, se irían al juicio largo con una probabilidad alta de quedarse dos o tres décadas en la cárcel. Eso era lo que había sobre la mesa. No les negaríamos el bien cuando pudiéramos hacerlo, pero, ni hablar, en una circunstancia así teníamos la sartén por el mango. Tómenlo o déjenlo.

El Patrón no formaba parte de este acuerdo. El 26 de marzo, seis días antes de la audiencia de los otros siete, se presentó ante el ministerio público para responder por escrito las seis preguntas que poníamos como condición inicial para valorar si a él también le concederíamos los beneficios de ley. «Es mi deseo continuar con la diligencia, porque tengo el interés de obtener el criterio de oportunidad», firmó en su declaración. Esto respondió:

FGR

Fiscalía General de la República

Por lo cual en este acto se procede a preguntar al imputado Armando Escárcega Valdez si es su voluntad continuar con la diligencia de aportar información para obtener un beneficio de un criterio de oportunidad. Por lo que se solicita platique en privado con el defensor particular citado en superiores líneas, para que consulte su respuesta. Una vez realizado lo anterior se concede el uso de la voz al imputado Armando Escárcega Valdez, quien refiere de manera libre y espontanea: "Que si es mi deseo continuar con la diligencia anterior porque tengo el interés de obtener el criterio de oportunidad".

Por lo que en este acto se proporciona al imputado pluma y hojas de papel a fin de que plasme la información que desee proporcionar siendo la siguiente:

En relación a la primer pregunta
de la Fiscalia Respecto de Quien
ordeno el atentado contra el periodista
Ciro Gomez Leiva, señalo lo siguiente
señalo que la orden fue dada por
el Señor Nemesio Osegera Cervantes
alias el Mencho.

En relación a la segunda pregunta
de la Fiscalia respecto de como
se se que el lo ordeno señalo
lo siguiente: Yo tove conocimiento

FGR

Fiscalía General de la República

que el dio la orden de matarlo
el periodista ciro Gomez Leiva
por que asi se lo dijo el Sr Nemesio
Osegera Cervantes alias el Mencho
al Señor Fidel Cervantes alias
el secretario del señor o tam-
bien conocido como el sobrino
del señor. (refiriendose a
Nemesio Osegera Cervantes.
En relación a la tercer pregunta
de la Fiscalia respecto de
quien medio la orden directa
de Matar al periodista
Ciro Gomez Leiva, señalo
lo siguiente señalo que la
orden directa me la dio
por telefono atravez de la
aplicación de Silent como
ya lo declare anteriormente,
y foe el señor Fidel Cervantes
alias el secretario del Señor

En cuanto a la primera pregunta, de quién ordenó el atentado contra el periodista Ciro Gómez Leyva, señalo que la orden fue dada por el señor Nemesio Oseguera Cervantes, alias el Mencho.

En relación a la segunda pregunta, respecto de cómo sé que él lo ordenó, señalo que yo tuve conocimiento de que él dio la orden de matar al periodista porque así se lo dijo el señor Nemesio Oseguera al señor Fidel Cervantes, alias el Secretario del señor, o también conocido como el Sobrino del señor.

En relación a la tercera pregunta, de quién me dio la orden directa de matar al periodista, señalo que la orden directa me la dio por teléfono, a través de la aplicación Silent, el señor Fidel Cervantes, alias el Secretario del señor, del cual anteriormente se hizo un retrato hablado por un perito de la fiscalía federal con la información de la media filiación que yo proporcioné.

En relación a la cuarta pregunta, de si tengo conocimiento de por qué se ordenó matar al periodista, quiero señalar que sí tengo conocimiento del motivo que propició la orden de matarlo, ya que me lo dijo en persona el señor Fidel Cervantes en las afueras de la tienda departamental Liverpool, del centro comercial Puerta de Hierro, quien me dijo que el motivo de la orden de matarlo fue porque estaba hablando mucho del señor Nemesio Oseguera Cervantes y de su familia, en especial de su esposa y una de sus hijas; de lo que yo recuerdo, en ese tiempo, su esposa estaba detenida en el Centro Federal de Readaptación Social en el estado de Morelos por el delito de lavado de dinero, y respecto de su hija, sin recordar su nombre, por unos problemas que había o pasaron en Puerto Vallarta con personal del Ejército, debido o que al parecer, el esposo de ella, sin recordar su nombre, había sido señalado de tener participación en la privación de la libertad de personal del Ejército en Puerto Vallarta, de esto me enteré en virtud de que yo era el asesor jurídico de Fidel Cervantes.

En relación a la quinta pregunta, si tengo conocimiento de cuáles publicaciones del periodista Ciro Gómez Leyva habían afectado al señor Nemesio Oseguera, señalo que no me dijeron de alguna publicación en especial, solo me dijeron en general que estaba hablando mucho de su familia, en especial de su esposa, su hija y su yerno.

En relación a la sexta pregunta, de si tengo conocimiento del lugar donde se encuentra el señor Fidel Cervantes, señalo que actualmente no sé, pero en el año 2022 al 2023 tuve conocimiento que él habitaba en la población de Mascota; nos reuníamos en un restaurante de comida regional que se ubica a dos cuadras de la Catedral del pueblo; esta persona se encontraba en la población el Arenal, Jalisco, aproximadamente a cuatro o cinco minutos de la Plaza del Sol, en Guadalajara, Jalisco.

Eran respuestas vagas e imprecisas, palabras porosas que me dejaban en mitad de la nada. Si hablé o hablamos del CJNG, el señor Mencho, su esposa y familia fue para reportar los hechos que se difundían en cualquier otro medio informativo, las notas generales. No nos concentrábamos en su esposa e hijos, ni en las críticas a su cártel. ¿En dónde estaba la ofensa grave que debería reparar con mi muerte?

Tuve un solo contacto con ellos. El martes 26 de noviembre de 2019, a las 18:15 horas, recibí en una de las salas de juntas de la televisora al abogado Víctor Francisco Beltrán García. Me entregó el expediente con el que trataban de impedir la extradición de Rubén Oseguera González, de 30 años de edad, hijo del Mencho. Lo atendí con el cuidado que esos casos imponen y lo entrevisté en vivo en el programa de radio del 4 de diciembre.

—No es legal que por el hecho de llevar un apellido Oseguera lo estén criminalizando, le estén haciendo señalamientos, imputaciones de que él es el hijo de un líder de una empresa criminal —dijo ante cientos de miles—. Nunca lo ha demostrado, acreditado la autoridad, y la defensa sí hemos demostrado y acreditado que no es hijo del señor Nemesio Oseguera.

—¿No es hijo de Nemesio Oseguera? —recalqué.

—Así es.

—Su defendido, Rubén Oseguera, ¿no es hijo de Nemesio Oseguera?

—Así es, señor.

—¿No lo es, abogado?

—No lo es.

Todo indicaba que el abogado no nos estaba diciendo la verdad, pero me limité a cuestionar sus afirmaciones con cuidado. Al final perdieron el caso. Rubén, el Menchito, fue extraditado tres meses después de nuestra entrevista en la radio. Estados Unidos lo acusaba de ser «extremadamente violento» y el segundo al mando en el CJNG, «una de las fuerzas criminales más poderosas del mundo». En marzo de 2025, cuando Rubén tenía 35, fue sentenciado en la Corte de Washington a cadena perpetua y el pago de seis mil millones de dólares por conspiración para traficar metanfetaminas y cocaína, y por estar detrás de cien asesinatos.

Por eso para mí, el Patrón mentía, o lo que le contaron al Patrón era mentira. Aunque escarbando en los hechos hubo una nota que transmitimos en radio y televisión el 17 y 18 de noviembre de 2021. Dos marinos, mujer y hombre, habían sido privados de la libertad en el estacionamiento de un centro comercial en Zapopan, la zona metropolitana de Guadalajara. La nota (basada en una tarjeta informativa que la Marina nos entregó y autorizó difundir) establecía que, «información proporcionada por la Marina señala que sí hay una relación directa con la detención de Rosalinda González Valencia, esposa del líder del Cártel Jalisco». La Marina y la Guardia Nacional desplegaron un megaoperativo para dar con sus dos compañeros secuestrados. La nota establecía:

La Marina informó que, de acuerdo con labores de inteligencia, identificaron a los autores intelectuales que ordenaron el levantón. Se trata de Laisha Michelle Oseguera González, hija de Rosalinda y el Mencho, y del novio de Laisha, Cristian Fernando Gutiérrez Ochoa, quien se encontraba en el área del centro comercial donde fueron levantados los marinos. A él se le señala como el que dio la orden directa a los sicarios del Cártel Jalisco Nueva Generación para someter a los marinos.

Los marinos fueron localizados dos días después. La Marina emitió un comunicado oficial, desvelaba que «al ser encontrados, ambos estaban atados; el elemento masculino presentaba algunos golpes, mientras que la femenina se encontraba intacta; fueron trasladados a un hospital para su atención especializada».

¿Esa nota del 17 y 18 de noviembre de 2021 fue el motivo para intentar matarme 13 meses después? No veo por qué, si al menos otros seis medios y blogs difundieron, como nosotros, la nota con la información de la misma tarjeta de la Marina. ¿Cómo tomaban las decisiones? ¿Me iban a matar por esa nota no exclusiva en aquella cobertura de los marinos privados de su libertad? ¿O porque tuve la pésima suerte de que, pese a la difusión en otros medios y blogs, ellos solo vieron la nuestra, porque como dijeron los investigadores después del atentado, ellos no leen periódicos ni oyen la radio: ven la tele, o las notas de la tele reproducidas en YouTube, Instagram o en sus chats? La incertidumbre de las averiguaciones imposibles, los enredos fatales que una nota o una confusión pueden llegar a causar en un país peligroso y violento.

Notas en la prensa, no nuestras, coincidieron que después de los hechos de los marinos (no de «personal del Ejército», como le contaron al Patrón) en Zapopan (no en Puerto Vallarta, como le contaron al Patrón), Laisha Michelle Oseguera González, ciudadana mexicana y estadounidense, y Cristian Fernando Gutiérrez Ochoa, su pareja, se fueron a California. Cristian Fernando, el yerno, fue detenido en noviembre de 2024 en Riverside, California. Estados Unidos lo acusó de tráfico internacional de drogas y lavado de dinero. «Asumió una identidad falsa para eludir a la justicia y vivir una vida de lujo en California», declaró en un comunicado la fiscal adjunta Lisa Monaco. No se metieron con Laisha, quien, según las notas en la prensa, manejaba una cafetería en la zona y no tenía cuentas con la justicia de aquel país.

Por cierto, en las seis respuestas manuscritas del Patrón, Fidel dejó de ser el Plumas o el Pluma, para convertirse en el Secretario del señor o el Sobrino del señor.

¿Esa era la información valiosa, determinante del Patrón, quien según dijo el Bart en una de las entrevistas con Saskia, más bien estaba extorsionando a nombre del Cártel Jalisco? ¿Eso era lo que Armando Escárcega Valdez nos ofrecería? ¿La información sin vaguedades sobre quién lo contrató para matarme y por qué? ¿Fue el Cártel Jalisco por orden directa del Mencho, quien dijo que yo estaba hablando mucho de él y su familia? ¿En serio?

Cualquier cosa es posible, pero no acepto la versión, como periodista no la puedo aceptar, me parece extremadamente inconsistente y débil. Si de ceñirse a los hechos se trata —porque sin hechos es imposible pretender acercarse a la verdad—, las palabras del Patrón eran para mí respuestas fáciles, sin riesgo, carecían de precisión, confiabilidad, verosimilitud y, por lo mismo, de verdad. Eran quizá, lo sabíamos, las últimas palabras que nos quedaban por escuchar de él para tratar de saber quién fue y por qué lo hizo. Así es que, por mí, que el señor Escárcega Valdez se haga cargo de su destino y de su largo juicio. Con esa información, yo no aceptaría que se le concediera el procedimiento abreviado, o un trato especial. Que se defienda en los tribunales, es abogado. Que convenza a los jueces de que no le quedó de otra sino poner su parte en el negocio de matarme. Y que él mismo limpie sus cosas, seque su sangre.

Madrid, abril de 2025

El martes 20 de mayo transmití desde Madrid la noticia de la ejecución en el centro de la Ciudad de México de la secretaria particular de la jefa de Gobierno y de uno de sus asesores. La dinámica de la célula de ejecución fue muy parecida a la que se usó conmigo, el modelo funcionó. Al día siguiente asesinaron a un exfuncionario prorruso del gobierno de Ucrania en el suburbio madrileño de Pozuelo de Alarcón, el del mayor ingreso per cápita de España. Caminaba a su auto luego de dejar a sus hijas en el Colegio Americano. Leí en la prensa local: el asesinato ha puesto de nuevo a la policía española ante un aparente crimen por encargo perpetrado por sicarios; por el momento, lo único seguro de la investigación es que solo hubo un tirador y que no huyó ni en moto ni en metro; los agentes sospechan que el autor de los nueve disparos (fueron encontrados nueve casquillos en el lugar de los hechos) tenía preparada su huida en un coche y al menos un cómplice.

Un ucraniano turbio, según la prensa local. Un tirador que no falló y corrió rápido.

Ánimo.

Madrid, finales de mayo de 2025

ÍNDICE ONOMÁSTICO

Covarrubias Alba (oficial), 197
Cuarón, Alfonso, 53

D

David (el Davies), 25
De Mauleón, Héctor, 171
Djokovic, Novak, 82

E

Ebrard, Marcelo, 17
El Plumas, 197
El Primo, 206
Eminem, 38
Encinas, Alejandro, 17
Escárcega Saldaña, Aniceto (Tío Chetos o Tío Cheto), 87
Escárcega Valdez, Armando (el Patrón), 59
Esquinca, Javier, 83
Excélsior, 192

F

Fainchtein, Lynn, 53
Feregrino, Manuel, 31
Fiscalía General de Justicia de la CDMX, 61

I

Ibarra, Epigmenio, 48
Iglesias, Marisa, 44
Imagen Televisión, 123
Instituto Nacional Electoral (INE), 154

J

Jiménez Ávila, Israel (el Gordo o el Yeyé), 24
Jorge Leonel (el Leo), 170
Junior H, 206

K

Krauze, Enrique, 77

L

La Gallina, 208
Lagioia, Nicola, 62
Landero, Luis, 16
Lefty SM, 81
Lobo, Ramón, 134
López, Leopoldo, 54
López-Dóriga, Juan, 55
López Hernández, Adán Augusto, 17

M

Z